荷車と立ちん坊

近代都市東京の物流と労働

武田尚子

吉川弘文館

目次

第二章 「くるま」規則の近代化――制度改革――

第六章　軍隊と荷車

凡例

・資料の引用については、読みやすさを考慮して、原則として、旧字体は新字体に改め、適宜、難読漢字やカタカナをひらがなに改めた。また、原文には適宜句読点やルビを補った。

・年次の記載は、文書資料の多くが元号を用いて記されているため元号を用い、適宜西暦年を付した。

・依拠した資料名、出典等については、巻末の「注」「参考文献」に記載した。

序章　荷車曳きのかけ声

渾身の力

明治のはじめ、日本の土を踏んだ外国人の何人もが、印象深く書き留めているのが荷車曳きたちのかけ声である。

たとえば、「ソコダカ、ホイ」　［ギメ　一九七七、二四頁］

あるいは、「ホイダ、ホイ！　ホイ、サカ、ホイ！」　［モース　一九七〇b、九一一〇頁］

さらに、「ハーフイダ、ホーフイダ、ワーホー、ハーフイダ」　［バード　二〇〇〇、三三一三四頁］

どのかけ声もホォー、ハァーと腹の底からしぼり出す渾身の力が、息づかいと渾然一体になって、響きわたっているかのようだ。ふりしぼる全身全霊の力と汗、これが荷車の動力源であった。

律動と集中

「ソコダカ、ホイ」と聞きとったのは、エミール・ギメである。ギメはフランスの実業家で、明治九年（一八七六）に日本を訪れ、三カ月滞在した。東洋文化の研究・蒐集を目的に横浜、東京、日光、伊勢、京都を訪れ、帰国後、パリとリヨンに東洋博物館を開設した。

横浜居留地にあるホテルで、窓際にすわって書きものをしていると、日本人の生活情緒に満ちたさまざまな「声」がギメの耳に入ってきた。そのなかに荷車を曳く車力《しゃりき》たちのかけ声があった。

車力は同時に三、四人で重い荷車を引きながら、ゆっくりと歩く。そして自分の身体に振動運動を与え、その一動きごとに調子のとれた叫びを発している。その叫び声ごとに息する間をとりながら、拍子を規則正しくし、歌を続けるために、何人かがそれをシンコペーションで繰り返す。車力は非常にたくましく、肉付きがよく、強壮で、肩は比較的広く、いつもむき出しの脚は、運動する度に筋肉の波を浮き出させている。(1)

身体を律動的に動かし、声と身体を一致させた瞬間に頂点の力を発揮する。けっして速い調子のかけ声ではない。むしろゆっくりと、数人の力が集中する瞬間を作り出す。ギメの眼は、その瞬間に脚の筋肉も波うつことを見逃さない。

声と筋肉と気合いの心身一体が、仲間のものと渾然一体になる。律動的に繰り返される歌に合わせて、研ぎ澄まされた集中力を保ちつつ長い道のりをゆく知恵が「ソコダカ、ホイ」にこめられていることをギメは感受したのかもしれない。

声

感性豊かなギメは、ホテルの窓辺で、荷車曳きたちのかけ声のほかに、数人の漁師たちが船を操って櫓を漕ぎ合わせるときの声、人力車夫《しやふ》たちが橋のたもとの欄干で客を待ちながら、「非常に風情ある物腰で、人力車の梶棒に腰を下ろして笑いながら話をしている」声、「幅の広い帯を締め、複雑な髪を結った」娘たちが陽気に笑いながら次々と通りすぎる「生き生きとした声」に惹かれ、書きものの手をとめた。

ギメが心を揺さぶられたのは「声」であって、単なる物音ではない。人々の気配が伝わってくる「声」、人々の営みとやりとりが現出している「声」に耳を澄ましたのである。躍動感あふれる「声」に、日本の人々と社会を探る期待を高めたのである。

車力と人力

ギメは荷車の車力と、人力車の車夫の体格が違うことを指摘している。横浜居留地で見かける人々は、

庶民階級の男であり、とくに乗り物を引く人「Dginrikis（人力）」と、二輪荷車を引く人「Chari-kis（車力）」である。両者とも頑強であるが、その間には、荷馬車用の馬と、競馬用の馬との間にある相違がある。軽やかで端麗な小さな車につながれた人力車夫は、急スピードで走らなけれ

ばならない。ほっそりと丈が高く、すらりとしていて、少ししまった上半身は、筋骨たくましく、かっこうのよい脚に支えられている。(2)

人力車と荷車は、曳く「車」に違いがあるだけでなく、曳く人の体格にもこれほどの違いがあった。一九世紀の博物学的視点に基づく骨格への関心や、人類学的な分類に関する造詣の深さが、その違いを的確にとらえた。

また、人力車夫は車を曳いているときに、歌うことはほとんどなかったという。(3)単独で曳き、速く行くことが最優先の人力車に、仲間と力を合わせる歌は必要なかったのであろう。

荷車と人力車を曳く人々にこれほどの違いがあったならば、おそらく、仲間との関係のありようや、日常の心の持ちようも異なっていただろう。社会的関係、文化的・精神的志向性の相違はどのようなものだったのだろうか。

重労働

集合的な力を発揮するため、歌を必要としたのは重量勝負の重労働だったからである。エドワード・モースは、明治一〇年(一八七七)に東京や横浜で見かけた光景を次のように記している。

ある階級に属する男たちが、馬や牡牛の代りに、重い荷物を一杯積んだ二輪車を引っぱったり押したりするのを見る人は、彼等の痛々しい忍耐に同情の念を禁じ得ぬ。

図1　モースが描いた荷車　出典：[モース 1970a, 9-10頁]

彼等は力を入れる時、短い音を連続的に発するが、調子が高いので可成り遠くの方まで聞える。繰り返して云うことは「ホイダ　ホイ！　ホイ　サカ　ホイ！」と聞える。顔を流れる汗の玉や、口からたれる涎は、彼等が如何に労苦しているかの証拠である。(4)

モースはアメリカで動物学を修め、ダーウィンの進化論を吸収した。腕足類の研究調査のため来日し、明治一〇年六月一八日に横浜に上陸した。その日、横浜から新橋まで汽車で移動する途中、車窓から大森付近に目を留め、大森貝塚の発見につながった。折しも文部省は東京帝国大学に生物学講座を開設準備中で、モースは動物学を教授することになった。話術が巧みなモースは講義で黒板に描く絵もまた上手で、左右の両手を同時に使って違うものを描くことができ、学生たちを魅了した。(5)

観察眼が鋭いモースが描いたのが図1の荷車である。「重い荷物」を満載した荷車の前を曳くのが二人、後ろから押すのが一人で、三人がかりである。甲高く、短い音が繰り返されて、力を合わせていた。

欧米では車を曳くのは牛馬の役目だったから、日本で人がこなしていることに衝撃を受けた。しかし、良心の呵責は、日本社会を理解するにつれて、徐々に変わっていった。欧米人の目からみれば「牛馬」に等しい仕事をしているように見えても、客だけでなく仲間への応対もていねいで、故国では見かけない礼儀や謙譲の美徳を身につけている車夫・車力たちがいることに驚きの目を見張った(6)。往来で目に留まりやすい車夫・車力は、渡日してまもない外国人を日本社会の奥深さへ誘う格好の手がかりであった。

労働の尊厳

荷車で信じがたいほどの大量の物資を運んでいること自体が驚異的だった。イザベラ・バードは日本に初上陸した明治一一年（一八七八）五月二〇日の翌日に、妹へ書き送った第一信の手紙のなかで、荷車曳きたちについて次のように書き綴った。

> 窓の外を眺めると、重い二輪車を四人の車引きが引いたり押したりしているのが見える。車には、建築材料の石などほとんどあらゆる品物が、載せて運ばれる。ひっぱる二人の男は、車の重いながえの端の横木に、両手と腿を押しつける。車を押す二人は、後ろに突き出ている柄《え》に肩を押しつける。重い荷物を積んで坂を登るときには、きれいに剃った厚ぼったい頭を動力に用いる。彼らの叫び声は、物さびしく印象的である。彼らは信じ難いほどの荷物を運ぶ。一息ごとに呻いたり喘いだりしても思うようにゆかない重荷のときには、彼らは絶え間なく粗っぽい声を喉からうなり出す。「ハーフイダ、ホーフイダ、ワーホー、ハーフイダ」と叫んでいるようだ(7)。

図２　バードが描いた荷車　出典：[バード 2000, 33-34 頁]

バードは女性ながらに外国人未踏の日本各地を踏査した。日本滞在は半年余であるが、日本をふくめ世界各国で踏査旅行を敢行し、貴重な見聞記録を数多く出版した。晩年には故国イギリスで、英国地理学会の特別会員にも推挙されている。

「頭を動力に用いる」ほどの全身を使って働く姿をバードは図２のように描いた。どのような国においても粒々辛苦の労働がある。いとわず身体を使って挑むところに労働の尊厳がある。すべての事に厳しさと忍耐はつきもので、他人がその深さを理解するとは限らない。孤独も苛酷もいとわず道を進む人々の真に迫った声はバードの心をとらえた。バードが日本でたどる未踏の道を暗示しているような叫び声であったからかもしれない。

＊　　＊　　＊

このように本書の関心は、「車」と、それに関わった「人々」にある。

第一章　近代への胎動

1　荷車の変革期

荷車と一大エポック

柳田国男が幹事をつとめ、新渡戸稲造をパトロンにして、同好の士のこじんまりとした集まりである「郷土会」が、明治四三年（一九一〇）から大正八年（一九一九）までの間、月に一回程度、新渡戸邸で開かれていた。毎回、参加者の誰かが自分の関心事に基づいて例会報告を行ったが、そのなかで「最も魅力あふれる報告」と評されるのが那《な》須《す》皓《しろし》（のち東京帝国大学農学部教授）の「代々木村の今昔」である（大正三年一二月九日、第三〇回例会）。[1] そのなかで那須は荷車について次のように述べている。

代々木の経済革命は荷車から起った。従来の大八車は赤樫の木で造った重いもので、四人掛りで之を牽いた。其《その》懸声はホイハホイホイハホイハであった。明治七、八年から十二年頃にかけて、鐵《てつ》の心棒、鐵の輪の荷車が出来、瞬く間に全国に普及し、我邦の農業史に一エポックを作った。

一般的に私たちは、荷車を単純な構造の「車」と思っている。それゆえ、「荷車」から「経済革命」が起こったという指摘は意表を突く。那須の専門分野は農政学で、その専門家が、荷車の変革は近代農業経営上の一大エポックだった、と言い切っている。

いったい何がそんなに変わったのだろうか。「革命」と表現するほどの劇的な変化とはどのようなものだったのだろうか。本書の出発点は、那須の「魅力的な」示唆にある。その魅力をさらに深く掘り下げてみることにしよう。

転換点

那須は、明治七、八〜一二年（一八七四、七五〜一八七九）が荷車の変革期であるという。序章で紹介したように、ギメが聞いた荷車のかけ声は明治九年の横浜居留地、モースは明治一〇年の東京または横浜、バードは明治一一年の横浜居留地で聞いたものである。いずれも那須が述べるところの変革期にちょうど該当している。これらが改造済みの荷車だったか否かは不明であるが、この時期に改造がさかんで積載重量が増していたことを知ると、ホォー、ハァーと呻くようなかけ声がさらに真に迫ってくる。

横浜居留地は市街地で農業地域ではない。横浜居留地にいる日本人は、人足、人夫、召使、小商人のみとギメは記している(2)。商取引と運搬に関わる人々である。居留地の荷車は農産物を運搬していたのではなく、港に荷揚げされた物産や商取引の産品、建築資材などを運んでいたのだろう。改造荷車は農業だけでなく、他産業の物品の運搬にも多大な便宜と「革命」をもたらしたと推測される。

那須が郷土会で報告したのは大正三年（一九一四）である。明治一〇年前後の変革期から約四〇年ほどのちである。その四〇年のあいだに、荷車の変化と連動して、社会にどのような変化が起きていたのだろうか。

2　変革以前――近世の交通・運輸制度――

近世の陸上輸送の管理

明治以前、近世の社会で荷車はどのように位置づけられていたのだろうか。徳川幕府の交通・運輸の管理方法を概観しておこう。陸上運輸の管理は、大きく三種類、すなわち「街道・往還」「都市」「耕作地」に分けることができる。「街道・往還」は、町場から町場への物資の輸送が基本で、街道・往還を利用した長距離輸送を前提としている。「都市」は物資の集積拠点で、水運、陸運によって搬入し荷揚げしたのち、都市内部で短距離輸送で分配される。荷車等の車輛を短距離輸送に使用することが認められていたのは江戸、大坂、京都、駿府、名古屋などの主要都市に限定されていた。本章では、「街道・往還」と「都市」の使用実態について史料から探る。

「耕作地」は農地のなかで農具としての車の使用である。江戸期も耕作地内で農作業、たとえば農産物の収穫・運搬、農具の移動などに小型の荷車が使われていたと推測されるが、これについては取締や科料の対象になっていなかったため、史料が少なく、近世の実態については不明である。農作物の運搬については、近代以降で言及する。

街道の運輸管理――宿駅伝馬制――

徳川幕府の陸上運輸制度としてよく知られているのが宿駅《しゅくえき》・伝馬《てんま》制である。五街道を中心に整備された陸上運輸の管理方法である。

五街道の移動手段の原則は、人力、徒歩であった。物資運搬も基本的に人力で、荷物を担ぐ人足がいた。また、馬や牛の駄獣《だじゅう》を使用したが、背に荷鞍《にぐら》をつけ、両側の脇腹に荷を振り分けた牛馬を徒歩で曳いた。駄獣の基本は馬で、伝馬制もこれを前提にしている。各街道の宿駅で運送用の人馬を交代（継ぎ立て）したので、人馬《じんば》継立《つぎたて》制という。牛の産地は限定され、頭数も多くなかったため、一部の地域を除いて、牛を駄獣として使役することは普及しなかった。(3) 街道で車輛（荷車、牛車など）を使用することも認められていなかった。

宿駅には常時、継ぎ立てに必要な人や馬をそろえ、供出に応じる賦役が課せられていた。宿場町の家々は、屋敷の間口の幅に応じて人馬の賦役を分担した。時代が下るほど、往来する公用人馬が増加したので、重い負担になった(4)。

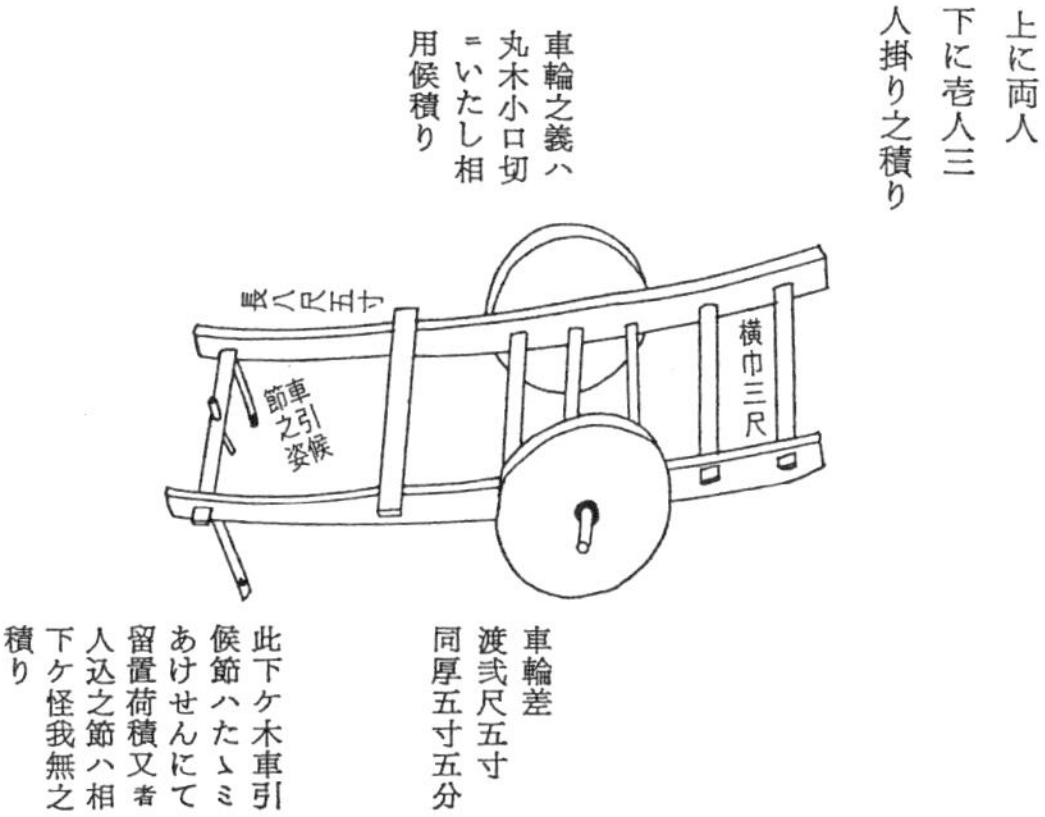
上に両人
下に壱人三
人掛り之積り
車輪之義ハ
丸木小口切
＝いたし相
用候積り
長八尺五寸
横巾三尺
車引
節之
姿候
車輪差
渡弐尺五寸
同厚五寸五分
此下ケ木車引
候節ハたゝミ
あけせんにて
留置荷積又者
人込之節ハ相
下ケ怪我無之
積り

図３　幕末期の小車の構造　出典：［渡辺 1991，51頁］

そこで周辺村落に助力を求め、助郷《すけごう》に指定し、人馬を徴発することが行われるようになった。宿駅は町場であるが、助郷の多くは農村である。年貢を納める農作業と併行して人馬を供出する賦課は過酷な負担となり、とくに助馬の数は不足した。

幕末になるとさらに物流量が増加したため、助郷の助力を得ても、人馬の不足に悩む宿場が車輌使用の許可を求めるようになった。弘化二年（一八四五）に、中山道の二宿（垂井《たるい》、今須《います》）が「板車」の導入を願い出た。続いて、嘉永七年（一八五四）には東海道の四宿（二川《ふたがわ》、御《ご》油《ゆ》、赤坂、藤川）が「地車」の使用を願い出て、安政四年（一八五七）に許可された(5)。図３のような小形の荷車で、横幅三尺（九〇センチ）、全長八尺五寸（二・五五メートル）である。前に二人、後ろに一人がつき、三人で運搬する。車輪は材木を輪切りにしたものである。

他の宿場町でも人馬の不足は深刻だったとみえ、文久二年（一八六二）、幕府は諸街道で「小形」に限り車輌の使用を認めるようになった。小形に限定されたのは、道路や橋の破損を防ぐためである。このように人馬の不足という継立制の危機が、「街道・往還」における車輌の使用を公認する要因になった。

幕末まで、幕府の強い統制によって「街道・往還」での車輌利用は普及しなかったが、その理由としては積載重量がある車の通行によって道路の摩耗、橋梁の破損が懸念されたことが挙げられる(6)。日本では地勢が急峻で、河川の急流・増水によって橋は頻繁に流失し、積載重量に耐える橋梁の建設は難しかった。政治的要因、自然的要因が複合的にからんで、「街道・往還」における車輌交通の発達が抑制された。

都市内部の運輸管理

物資の集積拠点である大都市内部は、短距離輸送の手段を必要とするため、「街道・往還」における長距離輸送とは異なる管理方法がとられていた。荷車の使用が許可されていたのは江戸、大坂、京都、名古屋、駿府である。江戸、大坂には各地から年貢米や物産が運び込まれた。江戸も大坂も水運が発達しており、年貢米などの重量物資は船で輸送され、運河に入って最寄りの河岸で荷揚げされた。

その後、諸藩や問屋の蔵へ運ばれる際に車輌が必要とされた。江戸では「大八車」、大坂では「ベカ車」、京都では「地車」とよばれていた(7)。

江戸市中の陸送はおおよそ次のような状況であった。江戸市中の公用輸送の「役」を担っていたのは三伝馬町（大伝馬町、小伝馬町、南伝馬町）である。「伝馬役」を筆頭とする町組織で、賦役として、人、荷、書状の搬送に必要な伝馬人足数を各町が調達し、御用をはたした。大伝馬町と南伝馬町は「道中筋」の伝馬御用、すなわち江戸府内から各街道の出発点の宿場（東海道品川宿、中山道板橋宿、甲州街道内藤新宿、奥州・日光街道千住《せんじゅ》宿）までの搬送である。小伝馬町は「江戸府内」の伝馬御用である(8)。

御用が増加し、必要な伝馬人足数は次第に増えたが、馬数が足りない。公用伝馬の確保のため、三伝馬町には「助馬《すけうま》」が認められた。すなわち、江戸近在の「馬持」に、馬一匹につき一年に一日、伝馬を課すもので、その代わりに「馬持」には街道・江戸府内での駄賃稼ぎを認めた。駄賃稼ぎを許可された馬には鞍判を押した。三伝馬町の助馬が認められるようになったのは承応二年（一六五三）頃である。

同時期に江戸市中で大八車の使用が認められるようになった（図4）。大八車は積載量が大きいことから、駄賃馬の「馬持」と大八車を曳く「車力」との間に、荷稼ぎの取り合いで対立が生じた。駄賃馬の減少は、助馬の減少につながる。公用伝馬の調達をおびやかすことになるため、三伝馬町は大八車の統制を目的に、大八車に極印《ごくいん》を押して、極印賃を徴収することを願い出た。元禄一三年（一七

図４　江戸の荷車（『江戸名所図会』「本町薬種店」）
本町とは，江戸の大元の町，という意味.
本町は，江戸城大手門の真東，日本橋に隣接，徳川家康が江戸入府直後，最初に作った町人地.

図５　江戸の牛車（『江戸名所図会』「高輪牛町」）

〇〇）、八月九日の御触書に、大八車と借駕籠について、三伝馬町が一カ月定額の極印料を徴収することが認められるようになった。徴収額は元禄一三年九月に大八車二一七五輌で銀八七〇〇匁、元禄一四年正月に大八車二二三九輌で銀二万六八六八匁に達した(9)。

以上の記録から、元禄期には二〇〇〇輌をこえる大八車が江戸市中にあったことがわかる。このとき江戸市中では、武家も荷車を使用していた。町方の車で三伝馬町の極印を受けたものは黒い印で許可済であることがすぐにわかるが、武家荷車は何の印もなく、無許可の車との判別が難しい。そこで元禄一三年一二月二〇日に「武家荷車烙印」として、武家の荷車にも黒印を打つこと、ただし、賃銀を支払うには及ばないという御触れが出た(10)。

理由は不明であるが、三伝馬町による極印賃銀の徴収は元禄一六年に廃止になった。その後、荷車に関しては寛永四年（一六二七）に、市中における事故発生を防止するため、車力のほかに宰領をつけるように御触れが出された(11)。

江戸市中では牛車も使用されていた。これは寛永一三年（一六三六）に、江戸城外御普請が行われた際に、土石運搬のために京都の牛車が呼び寄せられたことがきっかけである。御普請終了後も「牛持」たちは江戸残留を許された。東海道品川宿の近傍、芝高輪《しばたかなわ》の泉岳寺《せんがくじ》門前に牛小屋をおいて、牛持たちはここに集住し、牛車を使った荷駄稼ぎを行うようになった。このため芝高輪は「牛町」「車町」と称されるようになった(12)（図5）。

3　江戸の大八車と船運

江戸の大八車

このように江戸では大八車という呼称が流布していたが、その呼び名の由来については数説あり、たとえば喜田川守貞《きたがわもりさだ》『近世風俗志』では、「代八車図」に次のような説明を付している（図6）。

図のごとく四夫にて遣るを、よてんと云ふ。あるひは三夫、二夫にてもこれを遣る。軽き時は一夫にて曳けども、実は禁なり。『世事談』に曰く、寛文年中、江戸にてこれを造る。人八人の代をするをもつて代八と号く。今は大八と書く。（中略）この車前を揖《かじ》と云ふ。船に準ず名か。左右進退は前夫の与《あずか》る所とす。前二夫の時は掛声と云ひて、各互一歩ごとにゑんほんゑんほんと発声す。前一夫には発声せず。(13)（巻之三）

八人分の人力に匹敵するので「代八」と呼ばれたという説が紹介されている。このほかに車台の長さが八尺（二・四メートル余）だったので大八というようになったという説もある。大七車（長さ七尺）、大六車（長さ六尺）もあったが、大八が主流になったという。(14)

一台につき三人または二人の車力が標準だったが、前二人、後押し二人、合計四人で曳く場合もあった。その際には前方の揖棒に横木をくくりつけて、揖棒を横に長く伸ばして図に描かれているよう

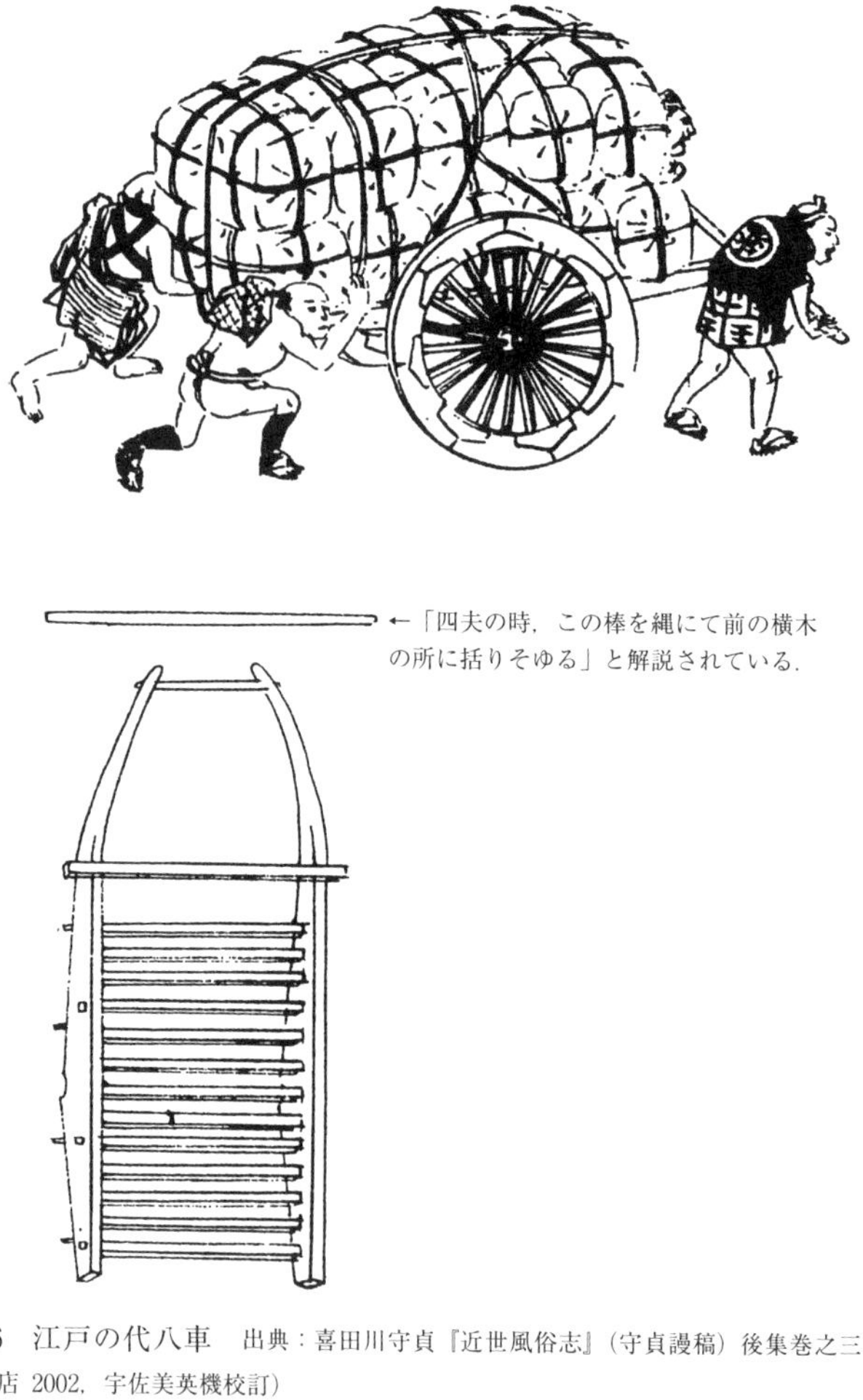
←「四夫の時，この棒を縄にて前の横木の所に括りそゆる」と解説されている．

図６　江戸の代八車　出典：喜田川守貞『近世風俗志』（守貞謾稿）後集巻之三（岩波書店 2002，宇佐美英機校訂）

に曳いた。荷台は簀の子状（横木一二本）だったというから、重量を軽くするように工夫されていたのだろう。荷車が軽い場合でも一人で曳くことは禁止されていた。これは寛永四年の御触れに記されていたように、前方不注意による事故発生を防ぐため、車力のほかに宰領をつける決まりになっていたことを指すのであろう。

ここにも車力たちのかけ声について記されている。前方の二人が交代で「ゑん」「ほん」と繰り返したという。前方一人のときは発声しなかった。とすれば、前方二人がリズムよく同じスピードで前進するため、声を掛け合ったほうが調子を合わせやすかったのだろう。元来が二輪で安定が良いわけではない。そこへ重量がある積荷を満載しているのだから、バランスがわるいと積荷がくずれるおそれがある。前方二人が息を合わせて前進するためには、互いに声を出し合うのが効果的だったのだろう。

深川の船運と荷車

江戸府内であれば、どこでも無条件に大八車を使用して可、というわけではなかった。一例を挙げると、深川ではかつては荷車が使われていたが、延宝八年（一六八〇）に荷車の使用は禁止された。上水の伏樋や橋梁が荷車の重量で破損することを避けるためである。しかし、享保七年（一七二二）に上水の樋を使わなくなり、町方では荷車の使用禁止は解除されたものと解釈し、荷車を使いはじめた。小名木川《おなぎ》、竪川、横川など堀割が縦横に通り、船運が発達しているが、深川では荷揚げしたのち、米、薪などの重量物資をもよりに運ぶ際に荷車を使うようになった。ただ、深川の橋は江戸市中よりも敷板が薄いので、荷車で橋を渡ることは避けてきた。

このような荷車の使用は慣行的に行われていたが、公から許可を得た文書があったわけではないので、弘化三年（一八四六）に深川の町方は正式に荷車使用の公認を求める伺書を町奉行宛に出した。町奉行の遠山左衛門尉は荷車を公認すれば運送の利便性が増して、物価も下がると判断し、許可の方向で幕府の勘定奉行、普請奉行にこの件を照会した(15)。

江戸東部の深川で本格的に町形成が進むのは、明暦三年（一六五七）の江戸市中の大火以降である。江戸の拡大と防火、物資搬入量の増加に対応して、深川沿岸の干拓・埋立、堀割の整備が進められ、荷揚場となる河岸が築造された。堀割に面して、諸藩や問屋の河岸蔵が建ち並び、物資搬入の拠点になった（図7）。諸藩の下屋敷は船運で搬入する各藩の米や物産を蓄える倉庫の役割も担い、下屋敷の数は本所・深川で四〇をこえた(16)。商家の蔵、貸蔵も多く、米問屋、油問屋、干鰯問屋などの蔵も連なっていた。

以上のように、河岸地に荷揚げしてから蔵までの搬入には荷車が必要で、公認か否かに関わらず、深川では一貫して荷車が使用されていたことがわかる。ただし、橋の構造は江戸市中にくらべて深川のような新開地では脆弱で、安全上、荷車は橋の通行を避けていた。

水運が発達していた江戸市中および隣接の東部地域は、このように物資の流入が活発で、近世には

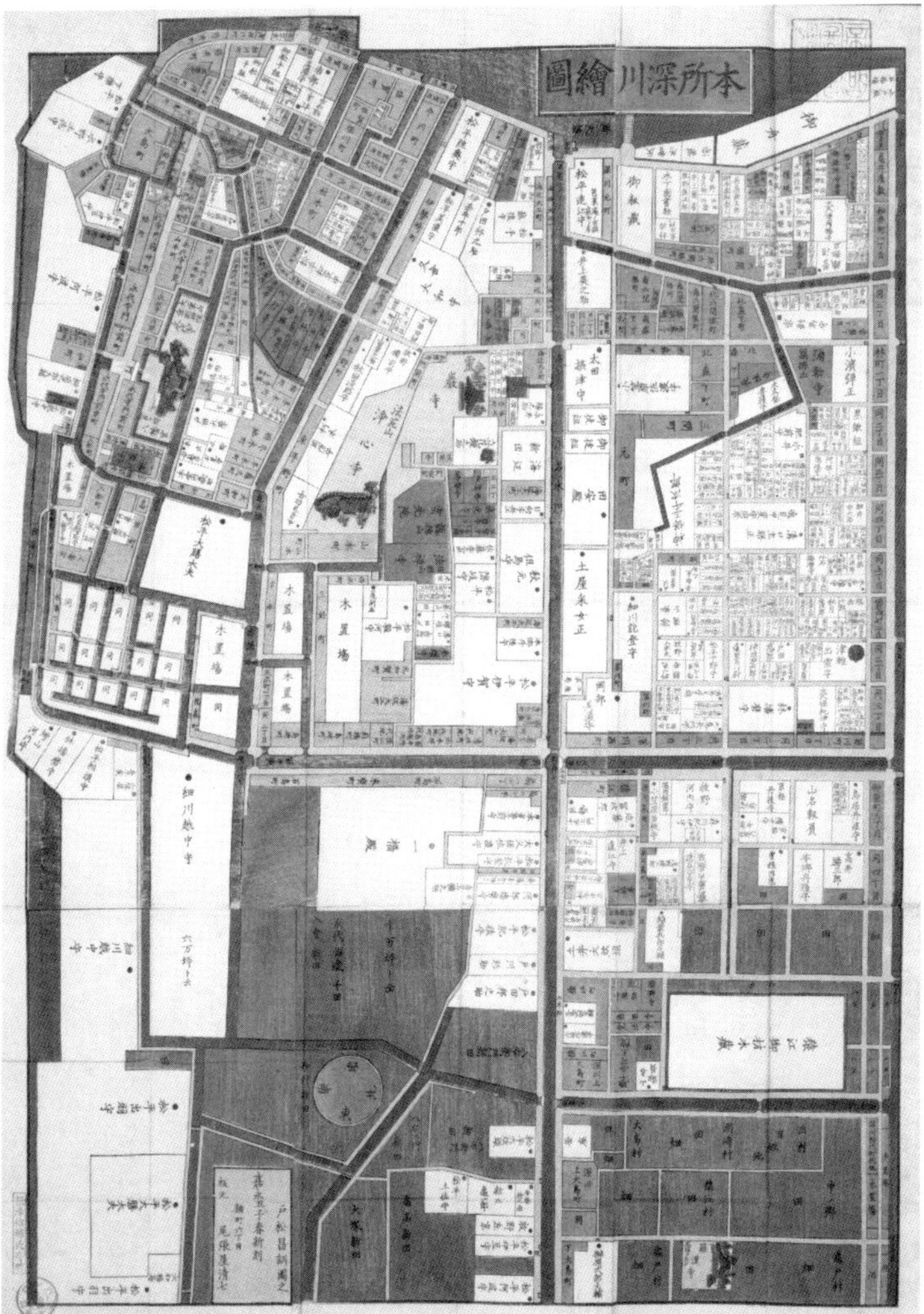

図７　深川の運河（「江戸切絵図・深川絵図」尾張屋清七刊，1849–62，国立国会図書館所蔵）

荷車が通行する光景が日常的になっていた。橋などのインフラの強度に問題があり、社会基盤の整備の遅れは車輌運送の制約要因になっていた。

4　荷車の通行管理

荷車の事故と町触れ

荷車の往来が多い江戸では、事故が頻繁に発生した。大八車、牛車、荷駄馬に対し、注意を宣告する町触《まちぶれ》が、享保元年（一七一六）、享保七年（一七二二）、享保一三年（一七二八）、寛保二年（一七四二）、寛延三年（一七五〇）、寛政九年（一七九七）、文化元年（一八〇四）と連続して出され、死傷事故には厳罰をもって対処する姿勢で臨んだ(17)。

例をあげると、享保七年に出された町触は、実際に起きた事故に言及し、大八車、地車、牛車、駄賃馬の通行の乱れに警告を発した。地車とは小型の荷車である。神田多町清左衛門に雇われていた大八車の車引六名が、幼児に怪我を負わせた。一命はとりとめたので死罪は免じ、車力はすべて遠島、雇い主は過料（罰金）の支払いが命ぜられた。当時、荷車の運送を請け負う商業者がすでにいたことがわかる。雇い主も管理責任を問われ、過失が裁かれた。

また、享保一三年の町触は死亡事故をきっかけに出されたもので、車力二名が空の荷車を引いて牛《うし》込払方町《ごめはらいかた》を通行中、新八という一五歳の少年を車で轢いてしまった。加害者の車力は、神田佐久間町一丁目の久治郎店の雇人の仁兵衛と、神田相生町の傅右衛門店の雇人の清六という者であった。被害者は死亡したので、仁兵衛は死罪、清六は遠島である。この御触の主旨は、今後いっそう厳しく連帯責任を課すことを宣告したもので、雇人の場合は、雇主、家主、五人組まで責任を問う。雇主が留意するのは当然のことながら、家主は地借《じがり》、店借《たながり》にいたるまでこの件を徹底するようにというお達しである。もはや車力等に注意を促すだけでは改まらないので、連帯責任を強化して、通行管理を徹底しようとしたものといえよう。

江戸中期の運送効率

寛保二年の町触は、牛車、大八車、地車が何台も続いて通行することが交通の妨げになっていることに言及している。

（前略）牛車・大八車・地車等、多く引き続き、往来之《の》障《さわり》ニ成り候《そうろう》間、数多く引き続き申す間敷《まじ》き旨《むね》、前々より相触《あいふ》れ候処《ところ》、頃日猥《けいじつみだ》りに牛数多く牽《ひ》き続き成し、或《あるい》ハ車ニ荷物を積みながら、狭《せま》キ小路《こうじ》にて、牛を休ませ、往還《おうかん》之障《さわ》りニ成《な》り、又《また》ハ宰領を附《つ》けざる車も之《これ》有る由《よし》（後略）

荷車の通行では前方に宰領を一人置くことが定められていたので、数台を連ねて宰領の数を省き、経費を抑えようとしたのだろう。荷を積み上げた車も目立つようになっており、運送効率をあげるためにさまざまな算段がされていたことがわかる。

姑息な算段に対して、御触は車輛の間隔をあけて通行すること、一輛ごとに宰領をつけることを宣告した。町触では何度もこのような注意を繰り返している。おおよそ半世紀後の寛政九年の御触は荷車の車力の目に余る行為について次のように述べる。

　牛車・大八車何輛も続きて引き通り、又ハ一両人ニ而《て》引き候《そうろう》ニ付、懸引相《けんいんあい》成らず、往来之《の》障《さわり》ニ相《あい》成り、其の上り下り、坂・橋上等ハ、別而《わけて》も心を付《つ》け申す可《べ》き処《ところ》、其《その》儀なく車を走らせ、並びて車をも我儘《わがまま》ニ引き歩き行く（後略）

何台も連ねて通行する状況は改まっていない。坂道や橋の上ではとくに細心に通行すべきであるが、その配慮が全くない。傍若無人に曳き歩く者がいて危険であった。

荷車は空車でも死亡事故を起こしていたから、荷がないときは、満載のときより前方不注意になり、スピードも出て危険であったのかもしれない。

5　坂道の力自慢

榎坂の嘆願書

車力たちは荷を高く積み上げるため、坂道ではバランスを失って荷くずれを起こすことがよくあった。弘化四年（一八四七）九月二九日、飯倉町（現・港区）の町方は坂道通行の管理を厳しくする嘆願書を出した。[18] 飯倉町二丁目、三丁目、六丁目の付近は坂道が多く交差していて、頻繁に事故が発生した（図8）。とくに榎坂では、

荷積車・牛車共《とも》、登り下り仕《つかまつり》候《そうろう》節《せつ》、兎《と》角《かく》車走らせ、往還《おうかん》え荷物打返《うちかえ》し、或《あるい》ハ町家《まちや》え打当《うちあて》破損致し候《そうろう》儀、御《ご》座候《ざそうろう》ニ付《つき》（後略）

と、坂を転がり落ちた積荷が、町家に当たって破損させる事故があとを絶たなかった。榎坂では注意するように近隣の町方では申し合わせて対策を講じてきたが、一向に改まらず難渋していた。坂下には四つ辻があって人馬の通行が多い。荷物が転がってどんな事故が起きることかと町方は危惧していた。車力や牛方の車の扱いが「がさつ」であることが問題なのだが、危険を減らすため、積荷を分割して通行するように通達を出してほしいと願い出たのである。

この件について奉行所で調べたところ、車力たちが「高荷《たかに》之儘《まま》、登り候《そうろう》を手柄の様ニ励《はげまし》合《あひ》候」、つまり、高く積みあげて、榎坂を登ることを競っていることが分かった。また、前年の弘化三年五月四日には、品川町裏の太右衛門店の小兵衛方に居候していた車力の「文」という者が次のような横転事故を起こしていた。

去《さ》る午《うま》のとし、五月四日、榎坂にて荷積車牽《につみくるまひ》き登り候《そうろう》節、打ち返し、此者《このもの》は車ニ腰骨押し打たれ、車ハ坂下の飯倉町弐町目《にちょうめ》の家主《やぬし》武次郎の居宅え打ち当て、損所《そんしょ》出で来《き》たり之由《のよし》（後略）

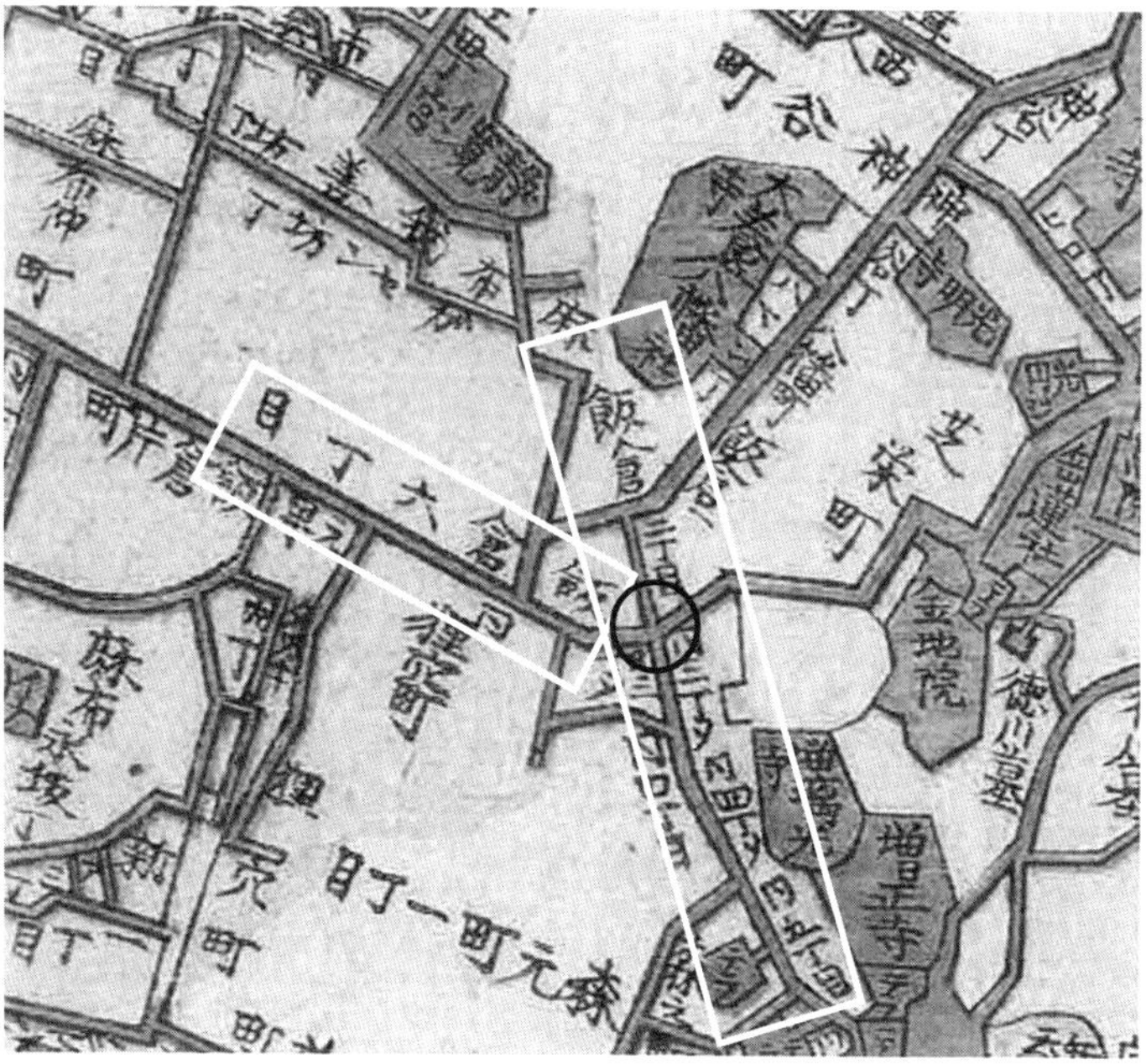

図８　飯倉町２丁目，３丁目，６丁目，榎坂（堤吉兵衛版「改正区分東京細図」1881，国際日本文化研究センター所蔵）

車力の「文」は腰骨を強打し、転がった荷車は家主の武次郎の家を破損した。「文」は一年後に国許《くにもと》の越後に帰ったという。事故の後遺症で帰郷したのだろうか。自分も他人も巻き込む横転事故の怖さが伝わってくる。

二丁目家主「武次郎」の家屋は坂下にあったらしく、同年にこのほか二件の破損事故の被害者になった。三月二六日、近くの神谷町の亀次郎店の車力である吉蔵、平次郎、卯之七の三名が荷車を曳いて坂を登っていた際にバランスをくずして横転、武次郎の地借である重太郎の家の格子にぶつかり、破損させた。また、一〇月二九日には、芝車町の嘉七店の「牛持」伝蔵が牛車を曳いて坂道を登っているときに、車が後退してしまい、武次郎の家に当たって破損させた。

二丁目の武次郎は災難続きである。ほかにも九月二四日、飯倉町四丁目の万吉店の半次郎は坂下の往還に露店を出していたが、坂を登っていた牛車が後退してきて、商品の真鍮製の薬罐が二個押しつぶされてしまった。

> 九月廿四日《にじゅうよっか》、牛車牽《ひ》き登《のぼ》り候《そうろう》節、走り戻りて、坂下の往還《おうかん》え、干《ほ》し見世《みせ》差し出《いだ》し置き候《そうろう》、飯倉町四町目の万吉店、半次郎商品の真鍮《しんちゅう》の薬《や》罐弐《かんふた》つ、押し潰《つぶ》れ候《そうろう》

坂をすべり落ちてくる牛車をみて、半次郎自身は急いで逃げたのだろうか。さぞかしびっくりしたことであろう。すべり落ちた車を牽いていた牛はどうしたのだろうか。

自負心

奉行所で調べたところ、確かに榎坂では事故が頻発していた。そこで市中取締掛を任せている名主宛に、大八車・荷車の取りしまりを厳しくするようにお達しが出された(19)。

大八車・牛車江《え》、嵩高《かさだか》之荷物を附して牽き通し、往来之妨げ、又ハ怪我人等を出来致《できいた》し候節ハ、車力・牛遣《つか》ひ共《ども》、重科を行ふ可《べ》き旨《むね》、度々《たびたび》御触《おふれ》も之有《これあり》候処《ところ》、近来嵩高之荷物附き候者、刎荷《はねに》も致さず、坂道を牽《ひ》き揚《あ》ケ候《そうろう》を車力・牛遣《つか》ひ共《ども》、晴業之《の》様、相心得候由《あいこころえそうろうよし》（後略）

車力たちが過重な積載量で坂道を登ることを「晴業」にしていることを戒めたのに続いて、こまごまと諸注意を述べたなかに、武家の通行と行き合った際に、無礼で「がさつ」な振る舞いで、武士の供《とも》連《づれ》の注意を無視する者もいるので、道の端に寄って通るようにと命じている。横柄な態度や積荷の多さを誇るのは、世慣れた「渡世之巧者」に多いと、ベテランの油断や心得違いを戒めている。車の所有者である「車持」「牛持」、雇われている「車力」「牛遣い」のほか、町役人も留意するように促している。

以上のように、幕末には江戸市中の車夫たちの間で、重量の多いことを競う風潮があった。ホォー、ハァーと呻くようなかけ声には、労働の辛さだけではなく、苛酷さを超越するおのれを恃む自負心もこめられていたのかもしれない（図9）。

このように江戸中期から荷車の積載量は増加し、車力の間には高く積み上げることを誇る力自慢の

図９　江戸の車引き（石原正明，1808，「江戸職人歌合」2巻，永楽屋東四郎，国立国会図書館所蔵）

慣習や規範があって、公儀が戒めるほどだった。近世には商取引が活発化して物資輸送量が増加した。積載量を増やすため、車体の構造を強化する工夫が生まれる。その延長線上に、明治一〇年前後の荷車の技術的変革があったといえよう。つまり、近代になって、突然に変革が生じたわけではない。改良を望む社会的状況は近世からあり、諸般の機が熟して、明治一〇年前後の変革が実現したといえよう。

第二章 「くるま」規則の近代化――制度改革――

1 明治の運輸体系――殖産興業と運輸政策――

明治政府による運輸体系はどのように整えられていったのだろうか。王政復古の大号令が発布されたのち、慶応四年（一八六八）閏四月に、会計官に駅逓司《えきていし》が設けられた。これが新政府における交通運輸担当の嚆矢である。これは民部省の所管を経て、明治四年（一八七一）に大蔵省の駅逓寮、さらに明治七年一月に内務省駅逓寮となった。当時の内務卿は大久保利通で、殖産興業政策に不可欠の基盤として運輸のしくみを整える方針が示された(1)。

大久保が殖産興業を本格的に始動させた明治八年頃は、まだ鉄道敷設事業が本格化しておらず、長距離による大量の物資輸送として現実的だったのは内陸舟運・海運である。船から物資を荷揚げする場所に短距離輸送の需要がある状況は変わらなかった。鉄道の敷設距離が伸びて、長距離の陸運が機能しはじめるのはおおむね明治二〇年代以降である(2)。

陸運の長距離輸送が発達して、搬入される物流量が増加すると、短距離輸送に影響を与える。マクロ的な視点から陸運の長距離輸送と短距離輸送について明治前半の状況を概観しておこう。

2　長距離運輸体系の編成

旧制度の廃止――近世から近代への移行――

明治前半、長距離輸送の基盤整備は四つの段階を経て進捗した（表1）。第一期は、幕政期の宿駅制度が廃止されて新制度へ移行した明治五～八年である。明治五年（一八七二）八月、幕政期の輸送を担っていた宿駅が廃止された。代わって各駅に設立されたのが「陸運会社」である。これは国の認可を受ける民間会社の形式をとっていたが、旧来の宿がそのまま「陸運会社」という「取次」機構に移行したもので、旧宿役人が引き続き人馬継立の業務を行った。

翌六年に陸運会社規則が整えられ、次の駅までの輸送を陸運会社が請負うことが明記された。しかし、賃銭や人馬徴発の旧慣が残存していたことによる弊害が大きく、抜本的改革の必要に迫られ、明治八年（一八七五）四月三〇日に各駅陸運会社の五月末解散が布告された（内務省布達甲第七号）(3)。

表1 長距離運輸体系の編成

編成段階	年	できごと
第1期 移 行 期	明治 5 (1872)	宿駅制度の廃止,「陸運会社」の設置
	6 (1873)	陸運会社規則の制定:運送取扱業を統括
	7 (1874)	
第2期 制度改革期	明治 8 (1875)	内務省布達乙第55号:5月5日,内国通運会社の継立営業許可
	9 (1876)	
	10 (1877)	
	11 (1878)	
第3期 技術改革期	明治 12 (1879)	5月,太政官布告第16号,通運業の開業認可権が地方庁に移る 内国通運会社が馬車輸送によって,東京・高崎間の一般貨物の輸送開始
	13 (1880)	
	14 (1881)	内国通運会社が馬車輸送によって,東京・大阪間の一般貨物の輸送開始
第4期 近代輸送体系の本格始動期	明治 22 (1889)	鉄道輸送網開業,新橋—神戸間の開業
	23 (1890)	
	24 (1891)	鉄道輸送網,上野—青森間の開業
	25 (1892)	
	26 (1893)	鉄道輸送網,上野—直江津間の開業

武田作成.

長距離輸送の制度改革

第二期は、内務省が「内国通運会社」の営業許可を出した明治八年から、起業公債による鉄道敷設事業が本格化する明治一一年（一八七八）までの時期である。各駅の陸運会社が廃止されて、新たに登場したのが「内国通運会社」である。もとは近世から東京にあった定飛脚問屋が資本金五万円を出資して明治五年に設立した民間会社であった。

内務省の保護を受けて、各地の陸運会社の吸収を進め、明治八年五月五日、「内国通運会社」として営業許可をうけた（内務省布達乙第五五号）。各地の取次店をつないで全国的な長距離輸送の運輸網を構築し、運送取扱業務を総括する組織に成長した（のち日本通運株式会社）(4)。

このような内務省の保護は殖産興業政策の一環として進められたものである。営業許可がおりた明治八年五月は、内務卿大久保利通が内務行政の基本方針「本省事業の目的を定むるの議」を太政官に建議した月である。これは内務省が緊急に取り組む政策課題を列挙したもので、この建議によって殖産興業政策は本格的に始動した(5)。

殖産興業により民間産業の生産量が増加すると物流量は増大する。これに対応できる機構が必要で、その一つとして内国通運会社を保護育成し、長距離輸送を担う民間資本として成長することを期待したのである。内務省の民業育成の方針に基づいて、生産促進と物流促進の政策が連動して進められた。

本書第一章の冒頭で紹介したように、荷車の改造は明治七、八年に始まり、瞬く間に全国に普及したと那須皓は指摘していた。これはまさしく殖産興業の本格始動期にあたる。長距離輸送網の編成が進んだ時期に、短距離輸送においても運搬具に技術的改造が生じ、明治八年頃には長距離、短距離ともに物流環境が大きく変化していたといえよう。

長距離輸送の技術改革——鉄道の敷設——

第三期は鉄道輸送への過渡期にあたる明治一〇年代である。明治一一（一八七八）年三月、大蔵卿大隈重信は「内債募集ニ関スル太政官へノ上申案竝《ならびに》布告案」を提出し、殖産興業の資金として起業公債の募集が認められた。これによって工部省の所管事業に予算が配分され、鉄道敷設が進むことになった。

この時期に長距離輸送手段の一つとして、馬車輸送が本格的に機能しはじめた。明治一二年、内国通運会社は東京—高崎間で、馬車による一般貨物輸送を開始した。さらに二年後の明治一四年には、東京—大阪間で馬車輸送が可能になった。新たな動力源の導入により、各地で通運業への参入が増加した。これに対応し、明治一二年五月から各府県が通運業の開業認可を行うことになった（太政官布告第一六号）。

近代輸送体系の本格始動——鉄道輸送の開始——

第四期は鉄道輸送網が本格的に機能しはじめた明治二〇年代である。松方デフレが終息し、明治一九年（一八八六）になると景気に回復のきざしがみえはじめた。通貨制度の安定によって、景気は次第に上向き、明治二一年になると企業設立が活発になった。鉄道の敷設が進み、明治二二年に新橋―神戸間、二四年に上野―青森間、二六年に上野―直江津《なおえつ》間で鉄道輸送が始まった。

このように明治二〇年代には、国全体の経済が活性化し、全般的な物流量が増大した。鉄道輸送、馬車輸送の拠点駅では、貨物の集配が行われるようになり、陸送の需要が創出された。都市部への物資搬入に水運の利用も続いていたので、船の荷揚場でも短距離輸送の需要があった。物流では鉄道運輸と河川舟運が併行するようになったのである。

物流の活性化は運送業への参入を促し、明治二二年に東京では二二の運送会社があって、競合する状況が次のように記されている(6)（明治二二年八月二一日「中外物価新報」）。

【運送業の競争】鉄路の延長、航路の拡張共に我邦運輸の事業を発達せしむる本にして、運送会社は頻々勃興するに至りたるが、就中内国通運会社、日本運輸会社、日本郵伝会社、中牛馬会社等は、益々其事業を拡張するに汲々たるものの如く、其他の小会社及び組合等に至るまでを算すれば実に多数のものなるべし。然るに近来其事業に就ては益々注目するもの多く、現に内外逓運会社は百万円の資本を以て組織し、事務の整頓は已《すで》に近きにありと。其他尚是と同様の計画をなすものありて従来の駅伝組といへる一社を引継ぎ更に資本を増額して百万円となし、以て通運会

表２　荷車台数の推移

年	荷　車	馬　車 荷積用	牛車	人力車	馬車 乗用
明治 23（1890）	763,056	29,088	11,027	178,041	2,877
26（1895）	1,042,925	51,592	18,544	206,848	3,226
33（1900）	1,322,309	90,103	30,501	205,390	6,105
38（1905）	1,355,952	98,434	27,085	164,499	6,173
43（1910）	1,667,520	158,590	35,448	149,567	8,565

出典：[山本 1986，66 頁（『日本帝国統計年鑑』）]

社等と相頡頏するの計策ありて、逓信省の非職書記官某氏を雇聘するの契約既に成れりといふが、斯く同業者の増加するは貨主にとりて此上なき便利なるべけれど、同業者の間に生ずる競争も亦《ま》た想ふべきことなりとて、人の疝気を頭痛に病む連中もありとか、兎角競争の世の中と云ふべし。

以上のように、二〇年代には多様な動力源が出そろい、近代的な長距離輸送体系が機能する状況になった。鉄道貨物の増加によって、拠点駅での短距離輸送の需要は大きく伸びて、明治二三年（一八九〇）以降、四三年（一九一〇）までの二〇年間に全国の荷車台数は二・二倍になった[7]（表2）。

3　短距離輸送と車税規則

道路・橋梁の基盤整備

長距離輸送と併行して、短距離輸送においても基盤整備が進んだ。短距離の輸送基盤として重要なのは道路、橋梁である。東京府は明治四年

図10　日本橋駿河町　三井呉服店（『東京名勝図会』）
日本橋より筋違への通街，駿河町，明治7年2月落成の三井呉服店の前を通る荷車．

（一八七一）五月二四日、諸車に車税を課し、道路修繕費に当てることを布告した。税額は車賃収入の三パーセントである。[8] 道幅九間程度の広い道路の場合は、道路中央の車馬が通行する部分は車税収入から修繕費を出し、道路縁辺の徒歩通行部分は地先の地主が負担することになった[9]（図10）。

また、橋梁に関して、たとえば東京の隅田川にかかる四大橋（永代橋、両国橋、新大橋、大川橋）は、車輛通行による橋の損傷を避けるため、幕政期以来、荷車など車輛の通行は禁じられていたが、明治五年一〇月、この禁止が解かれた。[10] 橋の強度をあげるため、官費で架け替え工事を行うことが計画された。東京府は大蔵省に対し、とくに両国橋、永代橋の工事を優先し、早急に着手するように要請している。[11]

両国橋は寛文元年(一六六一)に架けられたもので老朽化しており、明治八年に国庫負担による架け替え工事が実現した。内務省土木寮による直轄工事で、内務省「雇」として来日していたオランダ人技師が工法を検討し、設計を担当した。五万一三四四円余の架橋費が予算配分され、明治八年一月二一日に着工し、一二月一二日に落成した。[12]堅固な橋梁の修造には大規模な予算と体制を必要とした。

同じく隅田川の吾妻橋は明和六年(一七六九)に架けられて以降、修復が繰り返されていたが、消耗、破損が激しいことから、明治八年(一八七五)に架け替えが計画されて、予算二万六一四一円余が配分され、翌九年に工事が終了した。[13]

このように老朽化した交通基盤の刷新が明治八年以降に進み始めた。殖産興業が本格的に始まった時期と一致し、殖産興業も大規模土木工事も所管は内務省である。内務省が明治六年一一月に設置されて、内国政策に取り組む中核機関として、国内の諸制度や基盤の改革に着手した。実質的な成果が出始めたのが明治八年頃であったといえよう。

交通運輸と財源確保

諸車の所有者から車税を徴収していたわけであるが、交通運輸関連では牛馬取引による税収も政府の財源確保に貢献した。維新の時期に新政府は戊辰戦争の軍費調達さえ危うく、政府資金が枯渇している状態から出発した。財源が乏しい新政府にとって財源確保は常に重要問題だった。

倒幕によって街道往来の規制が緩和され、人や物資の移動が活発になり、牛馬の需要が増えた。牛馬の取引、すなわち売買数が増加した(14)。そこで、会計官は明治元年（一八六八）一一月、関東・伊豆諸国で牛馬を売買する営業者に鑑札を下付し、冥加税《みょうが》を課すようになった(15)。

明治三年三月には、この制度を全国に広げた(16)。さらに、五年には牛馬鑑札一札（七頭分）につき年税一円とした。牛馬鑑札による徴税額は、明治四年一〇月～五年末の期間に二万一四五三円だったが、六年には四万九五八〇円と約二倍になり、牛馬鑑札は伸びが期待できる財源の一つになった(17)。このように物品取引の活性化や殖産興業による生産力の伸長は、長距離・短距離運送の市場拡大を促進し、財源確保につながる道を太くした。

車税の体系化

交通運輸の車輛について課税基準を明確に示したのが、明治八年（一八七五）二月二〇日公布の「車税規則」である（太政官第二七号布告）。陸上の乗用と荷積用の車輛について、実情に即して車の種類を分類し、国税額を定めた。具体的には「馬車」「荷積馬車」「人力車」「牛車」「荷積車」に分けて、税額を設定した（表3）。荷積車（荷車）は「大七」「大八」と、「中小車（大六以下）」の二種類に分けたが、各地域で荷車に関する呼称や大きさがまちまちであることから、荷台の面積が縦横相乗尺

表３　車税規則（明治８年２月20日布告，国税）

車　種		税額（年間）
馬　　車	馬２匹以上 馬１匹	3円 2円
荷積馬車		1円
人 力 車	２人乗 １人乗	2円 1円
牛　　車		1円
荷 積 車	大七，大八 中小車（大六以下）	1円 50銭

出典：「太政類典」明治８年２月20日「太政官第27号布告」より武田作成．

積一四坪以上を「大七」以上、それ未満を「中小車」とした。[18] また、耕作地のなかで使用する農業用の荷車については確認の焼印を押したうえで免税の扱いにした（明治八年三月二四日公布「官令　乙第四十号」、のちに農車と表記）。

西洋型荷車の登場

社会の変化に即して、車税規則は適宜改定されたので、車に関する動向を読みとることができる。「西洋型荷車」に関する徴税規則を東京府が制定したのは明治九年（一八七六）のことで、前年の車税規則の制定からさほど時間が経っていない時期である。新型荷車が短期間に急増した状況をうかがうことができる。西洋形荷車を大、中、小に分けて、荷台（架台）の大きさを明示し、府税額と国税額を布告した[19]（表4）。

以上のように明治九年時点の東京府の荷車状況をまとめると次のようになる。従来から使用されていた荷車には「大八車」「大七車」「大六車」があり、商用として公用道路を通行しており、徴税対象になっていた。これとはタイプの異なる「西洋形荷車」も商用として公用道路を通行し、大、中、小

表4　西洋型荷車課税額（東京府　明治9年）

西洋形荷車	架　台	地摺巾	府税	国税
大	9尺以上	3尺5寸以上	1円	1円
中	7尺以上　9尺未満	2尺5寸以上 3尺5寸未満	50銭	50銭
小	7尺未満	2尺5寸未満	13銭	50銭

出典：官令（明治9年8月29日公布「東京府　甲第八十六号」，10月17日公布「東京府　乙第六十四号」）より，武田作成．

の三種類があった。このほか農車があったが、もっぱら耕作地内で農具や生産物の搬入・搬出に用いられ、公用道路を使用しないので徴税対象からはずされていた。商用に用いることは禁じられ、目印として焼印を押した。祭礼でお囃子を演じる曳き屋台にも焼印が押され、徴税対象からはずされていた。

新型荷車と心棒

官令に記された「西洋型荷車」に関する情報は外形の巾尺のみで、構造的な特徴については不明である。「従来型」荷車と「西洋型」の相違点が官令に明記されていないこと、つまりどこが「西洋型」たる所以なのか言及がないことが惜しまれるが、この当時の新型については種々の傍証がある。

たとえば京都で使われていた荷車について、明治一一年（一八七八）の新聞に次のように記されている。(20)

西京でハ、荷車の真棒が太いと、荷を沢山積み、夫《それ》が為に怪我が有ッてハ成らないとて、荷車ハ残らず兼てお達しの通り、真棒を細くいたせと申し渡され、昨今八車の直しで職人ハ夜るも寝られず、夫《それ》ゆえ運送も止《とま》る程で有《あり》ます。太い真棒（心棒）になってから積載量が増加し、横転事故などがいっそう懸念されるようになった。心棒を細くするようにという布告が出て、車職人は改修で多忙である。新基準にそった荷車が不足し運送に支障が出ていることを伝えている。

運送が滞ったという事実から逆に、心棒を細いものに戻せという布告が出るまでは、大部分の荷車は心棒を太いものにしていたことがわかる。心棒を太くすると、荷重負担に耐え、積載量が増加することにメリットがあったらしい。「心棒の改良」は那須の指摘と一致する。「西洋型荷車」とは心棒の強度を増し、従来型より積載量の上積みが可能になった荷車と考えてほぼ間違いはないだろう。

以上のように短距離輸送に関しても、明治八年から一〇年代前半にかけて運搬具が急速に多様化し、それに対応して法令も整えられていった。商用にもちいて公用道路を通行する車輌から徴収した税金は、道路など交通基盤の整備に投入された。内務省の政策として、交通基盤の改良と、輸送の運搬手段・運搬用具の改良が有機的に関連しながら進むように制度設計され、運搬手段の技術改革と連動して、短距離運送の世界に種々の変化が生じていたといえよう。

4　混み合う道路のコントロール

荷車と道路利用の規範

荷車をめぐる社会的変化は、徴税管理の面からだけでなく、道路利用の管理面からもたどることができる。東京府は明治五年（一八七二）一一月八日に違式註違《いしきかいい》条例を定めた。軽微な犯罪を取り締まる法令で、近世以来の禁令や、維新後に府内で発令された禁止項目をとりまとめたものである。総則五条、違式罪目二三条、註違罪目二五条の五三条からなり、註違罪目のなかで荷車の扱いに言及している項目が二カ条ある。(21)

第三十五条　馬車及人力車、荷車等ヲ往来ニ置キ、行人ノ妨ケヲナシ、及ヒ牛馬ヲ街衢《がいく》ニ横タへ、行人ヲ妨クル者

第五十一条　荷車及ヒ人力車等ヲ并へ挽キテ通行ヲ妨ケシ者

荷車を放置することと、横ならびして挽くことを禁じている。往々にしてやりがちなこれらの行為は交通の支障を引き起こす「軽犯罪」になっていた。違反として捕まると、罰金であれば六銭二厘五毛以上一二銭五厘以下の違反金、実刑であれば一日または二日の拘留になった。これらが迷惑行為であると意識させて増長することを抑え、良識ある道路利用の規範を浸透させることがねらいだったので

あろう。つまり当時は、これらの行為はけっこう目にする頻度が多い日常的な光景だったともいえる。

たこ揚げと道路の混雑

この東京府の詿違罪目には、道路利用の混乱をさける各種項目が列挙されており、当時の道路利用の実情をうかがうことができ興味深い。そのなかに次のような項目がある。

第五十四条　巨大な紙鳶《たこ》ヲ揚ケ妨害ヲ為ス者

紙鳶《たこ》をあげる者のなかに大人もいたかもしれないが、多くは子どもの仕業であろう。明治初期に日本を訪れた外国人の手記に、通行人や車輌にかまわず、道路上で遊び戯れる日本の子どもたちの様子が印象深く記されている。

たとえば、明治六年（一八七三）から一八年まで日本に滞在したドイツの鉱山学者ネットーは次のように描写している。(22)

子供たちの主たる運動場は街上《まちなか》である。（中略）子供は交通のことなどすこしも構わずに、その遊びに没頭する。かれらは歩行者や、車を引いた人力車夫や、重い荷物を担いだ運搬夫が、独楽《こま》を踏んだり、羽根つき遊びで羽根の飛ぶのを邪魔したり、紙鳶《たこ》の糸をみだしたりしないために、すこしの迂り路はいとわないことを知っているのである。馬が疾駆して来ても子供たちは、騎馬者《うまののりて》や馭者《ぎよしや》を絶望させうるような落着きをもって眺めていて、その遊びに没頭する。

子どもたちはまったく車や馬をよけることをしなかった。現代の管理が行き届いた道路と違い、明治の道路は子どもの遊び場でもあり、子どものほか、通行人、人力車、荷車、馬車などが入り乱れていたらしい。明治五年から九年まで滞在したフランスの法律家ブスケも同様に記す。(23)

家々の門前では、庶民の子供たちが羽子板で遊んだりまたはいろいろな形の凧をあげており、馬がそれをこわがるので馬の乗り手には大変迷惑である。親は子供たちを自由にとび回るにまかせているので、通りは子供でごったがえしている。たえず別当が馬の足下で子供を両腕で抱きあげ、そっと彼らの戸口の敷居の上におろす。

たこ揚げに夢中になる子どもたちには、疾走してくる馬も目に入らなかったらしい。荷車も眼中になかったであろう。東京府の詿違罪目に挙げられているのは「巨大な紙鳶」なので、常識的な範囲の大きさの紙鳶はお目こぼしの範疇だったのだろう。

しかし、凧合戦はエスカレートしやすく、大きい凧をあげたがるものであったらしい。イザベラ・バードは明治一一年に敢行した日本奥地紀行で、東北の碇ヶ関で目にした子どもたちの凧合戦の様子を次のように記す。(24)

今日の午後は晴れて風があった。少年たちは凧をあげていた。凧は竹の枠に丈夫な紙を張ったもので、すべて四角形である。五フィート平方もあるのがある。ほとんどすべてが、歴史上の英雄の巨大な似顔を描いている。鯨骨を使ってぶんぶん唸らせるものもある。二つの大きな凧の間に非常に面白い競争があった。（中略）二時間も凧あげ競技者たちは、相手の凧の糸を真っ二つに切ろうと、うまい位置に凧を飛ばそうと努力していた。ついに一方がうまくいって、糸を切られた凧を自分の勝利品とした。そして勝者と敗者は三度頭を深く下げて挨拶をかわした。（中略）子どもたちは竹馬に乗りながらも凧をあげた。これはたいへん手練のいる技で、誰でもできるものではない。それから大勢の子どもたちは竹馬の競走をやった。

現在、日比谷公園がある一帯には明治一〇年代まで練兵場があったが、そこで凧揚げをしていた一〇歳の男の子と荷車がぶつかる次のような出来事もあった。明治一七年（一八八四）一月八日のことである。[25]

芝区琴平町の高木新助の長男平次郎が一昨日の午後三時ごろ、日比谷の練兵場にて紙鳶を揚げ、前後も見ず、夢中に成って駆け来る機会に、荏原郡馬曳沢村の小林松五郎の曳いて来た荷車に突き当たり腹部を強く打ちて気絶しました。

子どもたち、とくに男の子は、凧と竹馬の競争に夢中になりがちだったことを幕末に長崎に上陸した外国人船長も記している。[26]

子どもの竹馬禁止

日本で教師を務めたクラークも、明治六年の東京の街頭の風景として、空からぶーんぶーんという

「不思議な音」が聞こえてくるので驚いて見上げると、空を凧が舞い、男の子たちが夢中になって凧あげに興じ、さらに竹馬に乗って競争する子どもたちや、角力《すもう》をとっている六歳ぐらいの子どもがいたと街頭の情景を綴っている。(27)

そこで道路管理上、子どもの遊びであっても、ついに見のがせないことになってしまったのが「竹馬」である。明治一一年（一八七八）二月二日、東京府は「竹馬禁止」を区長、戸長宛に通達した。(28)

小児ノ輩、市街ニ於テ、俗ニ竹馬ト称ヘ候モノニ乗リ遊戯候処《ところ》、右ハ車馬通行ノ妨ヲナスノミナラス、危険少ナカラザルモノニ付、以来其父兄等ニテ、堅ク差止メ候様、諭達可致《いたすべし》（後略）〔明治十一年二月二日　乙第三号〕

子どもたちの嘆きの声が聞こえてくるような通達である。親が子どもたちによく言い聞かせるようにと説明する区長、戸長も忍びないものがあったかもしれない。竹馬禁止の理由は「車馬通行の妨げ」になっているということであったから、苦情が東京府に届いていたのだろう。子どもたちは境内や庭で竹馬をするようになったのだろうか。道路で人力車や荷車と肩をならべて競争するスリル感を味わえなくなって、さぞ残念なことであっただろう。

荷車の取締規則の制定

荷車についても明治二四年（一八九一）一月二一日、東京府では警視庁によって「取締規則」なるものが制定された(29)。四章二五条からなる荷車に特化した規定で、明治前半における荷車使用の基準を定めた総括的な規則で（巻末参考資料）、荷車をとりまく社会的状況を如実に知ることができる。

荷車を「貨物運輸に使用する諸車」と定義したうえで、牛や馬が牽く車輌をふくめた規則である。これをみると、道路・橋梁管理者である東京府が荷車に関して、抱えていた課題は、「軍隊の輜重《しちょう》車、葬儀の行列、消防、郵便用車輌」との交通整理、「農作業用車輌」への対応、「狭隘道路、駐車場所」などの空間利用をめぐる問題、「複数台数の並列・縦列の進行」「坂路の進行、街角の曲がり方」など運送マナーの向上促進などであった。適切に規則を運用し、事故発生を未然に防ぐことが求められていた。

以上のように道路管理面においても、明治二〇年代半ばまでに、荷車の交通規則の基本的枠組が制定された。この規則に示された荷車の定義、すなわち「貨物運輸に使用する諸車」に即して、本書の記述を進める。

第三章　明治の「くるま」メカ——技術改革——

1　荷車の製造

荷車の構造と製造

荷車の構造は大きく分けると、「車輪」と「荷台」の二つの部分から成る。車輪の製造は、まず弧型に整形された「輪板」八枚または七枚を繋ぎあわせて円形にする。図11は輪板を製作している江戸期の職人である(1)。幕末の江戸には五〇人程度の車大工がいて、年間五〇〇輛程度の荷車を製造していたという(2)。

車輪の中央部分を「胴」という（図12）。円形に繋げられた輪板と、中央の胴をつなぐ細長い木材を「矢木」という。使用する矢木は一六本程度で、胴と外周の輪板の両方に差し込む。胴には欅の木、矢木や輪板には樒の木などを用いた(3)。

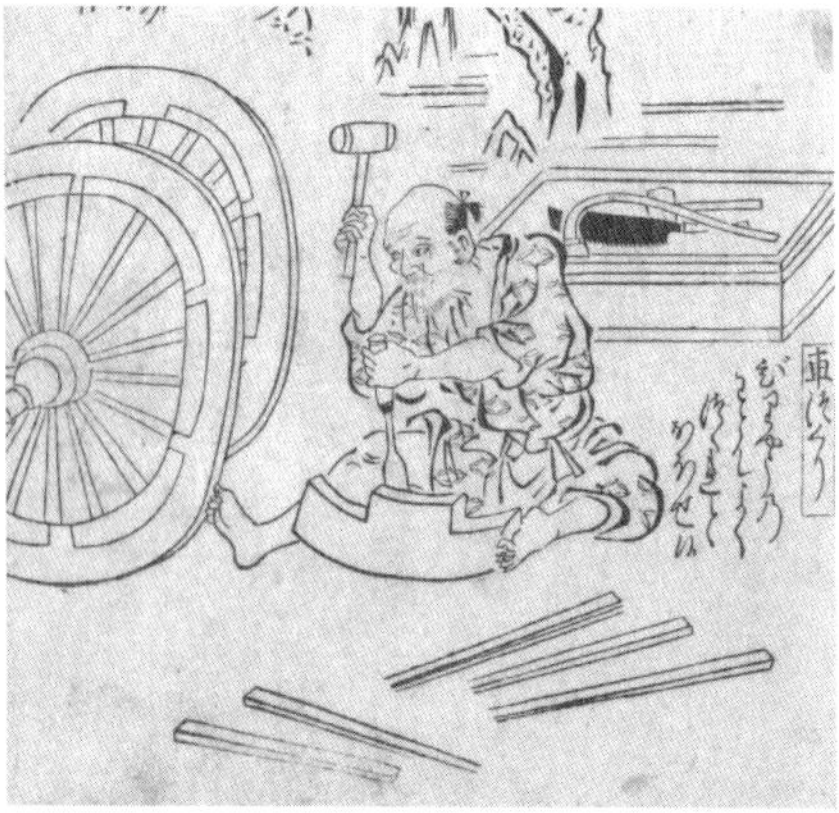

図 11　車を作る職人（菱川師宣『和国諸職絵つくし』，国立国会図書館所蔵）

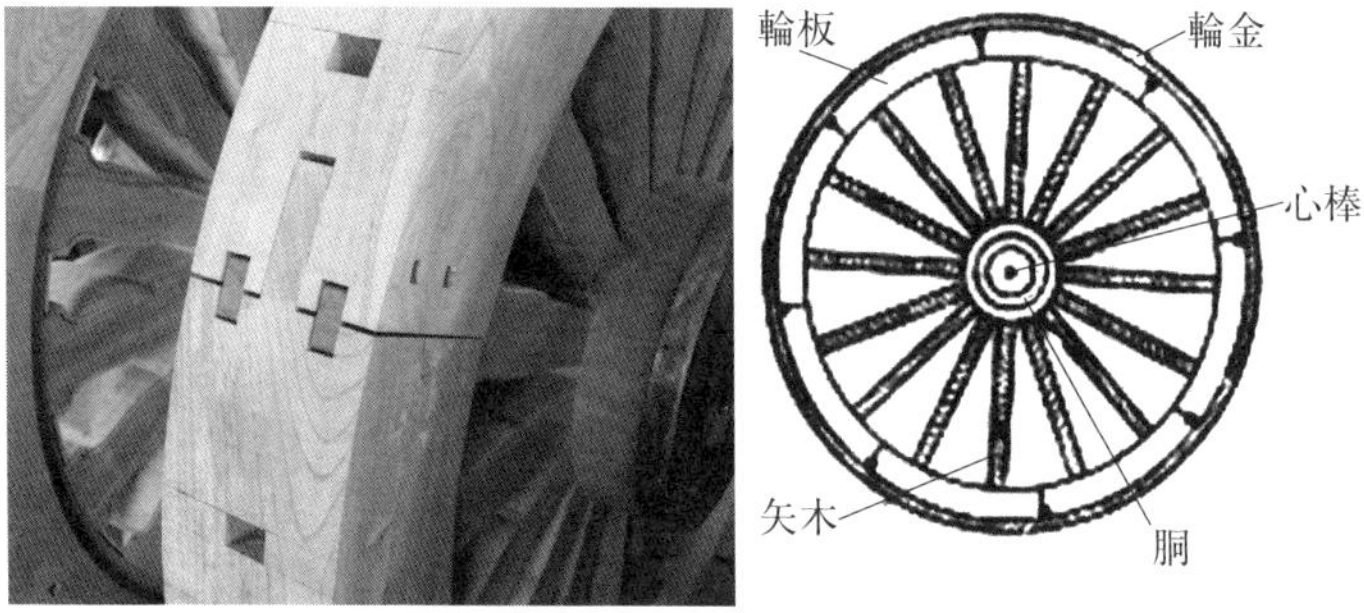

図 12　右＝車輪　出典：［職業紹介事業協会 1936，59-64 頁］
左＝輪板は 8 枚または 7 枚繫ぎあわせて円形に仕上げる（田中鉄工所提供）

図 13　鍛冶屋が車輪に輪金をはめる　出典：山口豊専，1975，『明治風俗百話』いれぶん出版

図 14　車輪に輪金をはめる方法の再現（静波伝統技法研究社提供）

胴、輪板、矢木の組み立てが終わり、木製の車輪が出来上がると、外側から金属製の「輪金」をはめこむ。「輪締め」という作業で、これは鍛冶屋が行う。まず、木製車輪と同じ車輪幅で、外周はやや大きめの鉄製の輪を作り、その周りに炭や木材を並べて熱する（図13、14）。鉄輪が熱くなったら取り出し、その内側に木製車輪をおいて、鉄輪に水をかけて冷却する。鉄は縮んで、木製車輪に密着する（輪締め）。このようにして車輪の外周を鉄で締めた頑丈な車輪が出来上がる。車輪の直径は三尺六寸が標準だった(4)。

「荷台」は、二本の「梶棒」を外枠にし、その間に縦木や横木を組み込む（図15）。梶棒の長さは「大八車」「大七車」「大六車」によって異なった。大八車の荷台の標準的な大きさは、長さが七尺、

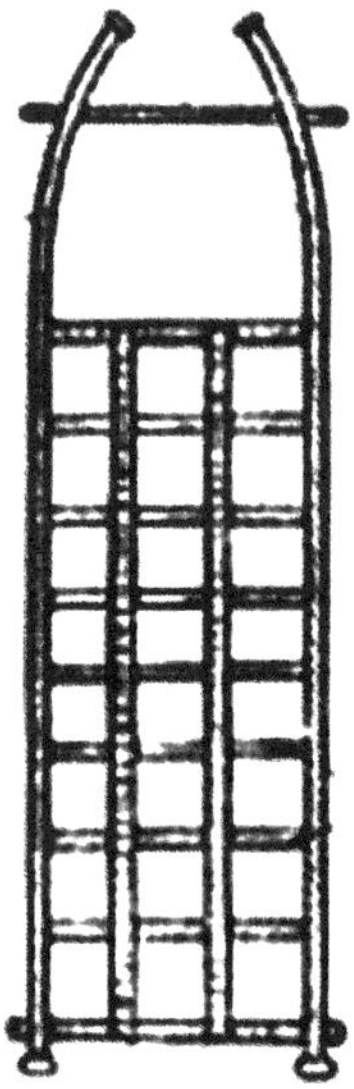

図15　荷台　出典：[職業紹介事業協会 1936, 59-64頁]

幅が二尺で、これを積載量一四坪と算出した。荷車を曳くため、二本の楫棒の先端部分に横木を渡し、ここを人力で押して推進力とする。この部分を軛（くびき）という。

次に心棒（車軸）を荷台に取り付ける。心棒には荷重がかかるので、金属製の心棒が出現する以前は、頑丈な樫材を使っていた。[5]まず荷台の下に枕木を取り付ける。その枕木に心棒が密着するように取り付ける。そのため、枕木に密着させる心棒の断面は角形である（図16、17）。枕木に心棒を密着させて取り付ける方法はいろいろあるが、図18はツカミ金を用いた例である。

荷台に心棒を取り付けると、心棒の両端は荷台の脇にはみ出すようになっており、はみ出す部分の断面は円形に削られている。そこに車輪をはめ込む（図19）。車輪がはずれることがないように、外側から「止め」の細工（図20）をほどこすと、荷車が出来上がる。

欠陥と事故

荷車が動くと心棒への負荷が増す。速度を出すと、激しく揺れてさらに負荷が増大する。[6]明治九年（一八七六）、築地本願寺に上納される欅の大木が巣鴨から荷車に載せて運ばれていたが、日本橋室町まで来たところで、車の心棒が折れてしまう事故が起きた。[7]

耐久可能な重量は、心棒の材質、軸径によって異なる。積載量を増やしたほうが効率が良いので、軸径が太い、堅固な心棒が好まれる。第一章の冒頭で紹介したように、鉄製の心棒や輪金は明治七、

図 16　心棒（木製）（古田屋台社寺建築提供）

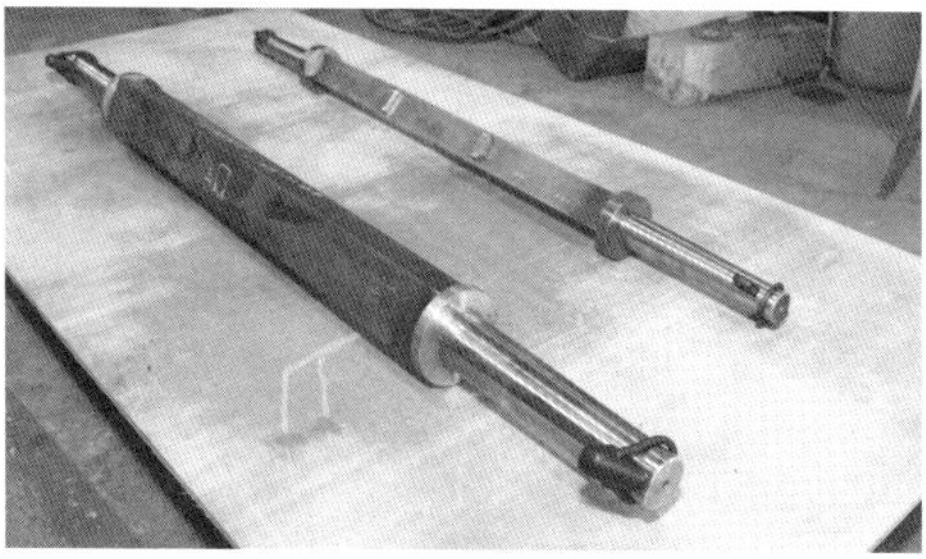

図 17　心棒（鉄製）（田中鉄工所提供）
心棒は荷台に取り付ける部分は断面が角形であるが，両端の車輪をとりつける部分の断面は円形に削られている．

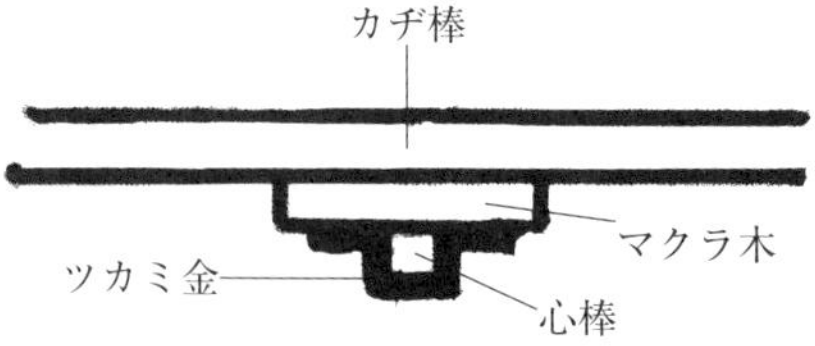

図 18　心棒を荷台に取り付ける　出典：［職業紹介事業協会 1936，59-64 頁］

図19　心棒に車輪をはめ込む（古田屋台社寺建築提供）

図20　心棒から車輪がはずれないように「止め」をほどこす（静波伝統技法研究社提供）

八～一二年頃に普及したという。鉄の心棒の太さには七分角、八分角、九分角、一寸角があった(8)。しかし、軸径が太いと、荷を積み過ぎて危険になる。明治一一年、京都では心棒を細くする通達が出たことは既述した通りである(9)。

走行中に荷車の部品に欠陥が生じて事故にいたる例はしばしばあった。たとえば明治一九年、東京府下の北沢村で、杉の丸太を運ぶため荷車二輌を縦に連結させ、父親が先頭の荷車を曳き、一二歳の息子が二輌目の後ろを押していた。坂道を登っていたとき、一輌目の荷車の心棒が荷台から脱落した。バランスが崩れた荷車から丸太が転がり、息子は丸太と荷車の下敷きになって死亡した(10)。

走行中に心棒が折れる例もいろいろあり、たとえば明治三四年（一九〇一）の年末、鉄製コロを荷車で運んでいた車夫は、東京小石川の路上で消火栓の蓋に車輪を乗り上げて、バランスを崩し心棒が折れた。荷台から重い鉄製コロがゴロゴロと転がり出し、車夫の肩や腰を打ち、亡くなった。福島県会津生まれの車夫で、神田区の荷車業者から荷を請負って運ぶ途中の出来事だった(11)。

人力車であるが、走行中に車輪から輪金がはずれた例がある。明治の元勲、山県有朋の人力車の事故である。明治二四年夏、山県が人力車に乗り麹町区富士見町の坂道を下っていたとき、車輪から鉄製の輪金がはずれた。あわや惨事とまわりはひやっとしたが、山県が敏捷に人力車から飛び降りたので、事なきを得た。山県はそのまま歩いて邸へ帰った(12)。

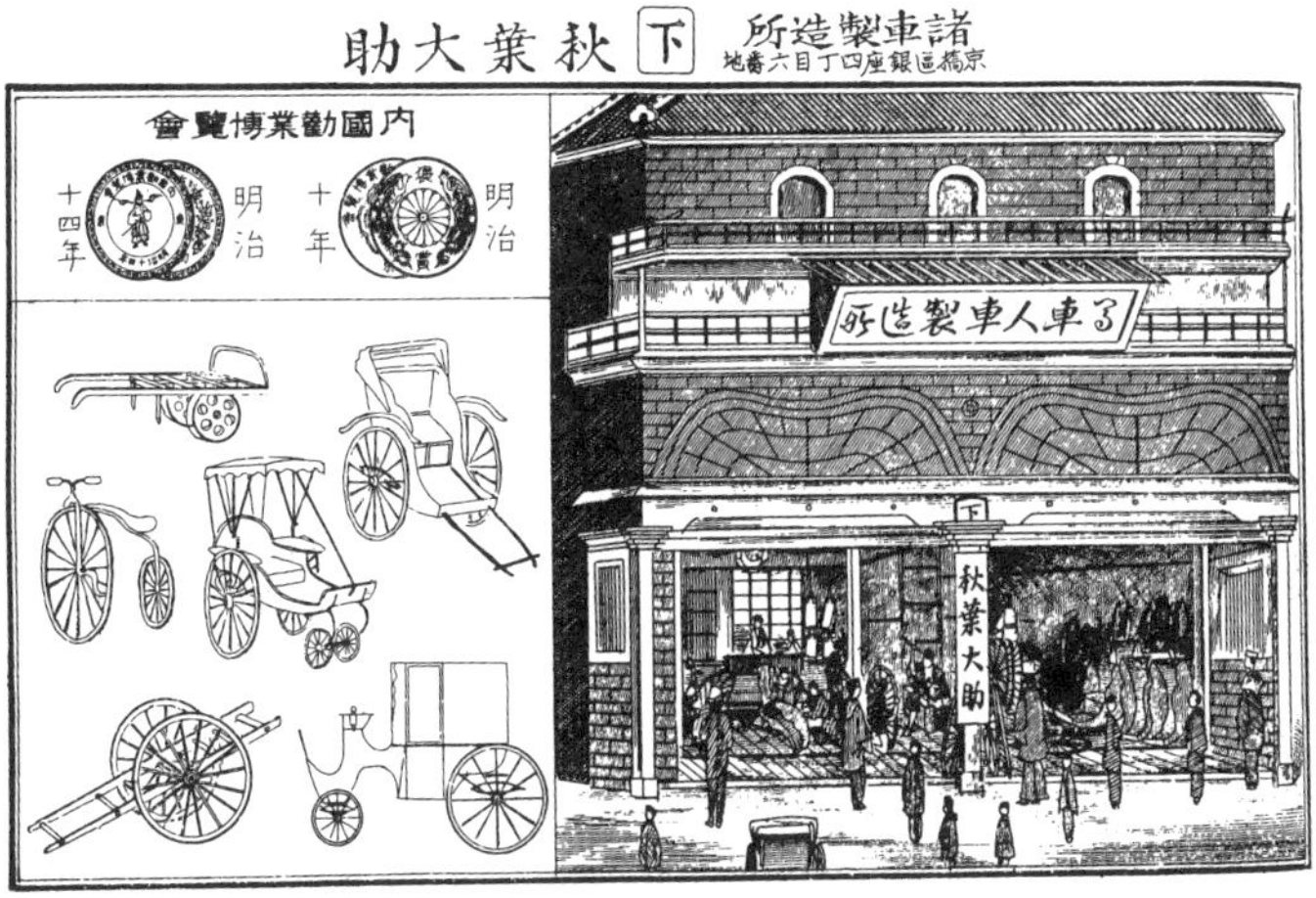

図21　秋葉大助商店（深満池源次郎編，1885，『東京商工博覧絵』日本博覧絵出版所）

諸車の製造

江戸期に車大工が作っていたのはおもに荷車だったが、維新後は人力車、馬車なども作るようになり、さまざまな車を作ることを「諸車製造」と称するようになった[13]。明治二年（一八六九）創業の秋葉大助商店（図21）は東京・銀座に店があり、人力車製造で有名だったが、諸車製造も手がけ、荷車も扱っていた[14]。人力車はばねを使用するので、下請の職工を多人数必要とし製造工程が複雑である。それに比べると荷車の作りは簡素だった[15]。明治一二年、浅草の蔵前八幡町に開業した「金蔵商店」は人力車と諸車の両方を製造できることを広告で宣伝している[16]。

明治一九年、東京府で東京諸車製造業組合が結成された。人力車、馬車、大小荷車の製造業者一八五名が加入し、規約を定めて、諸車製造に堅固な材料を用いることを申し合わせた。心棒など金属部品には良質で「撓折《どうせつ》等の患なきもの」を用いること、梶棒の外側に製造者の焼き印を押して、製造責任を明示することなどを決めた。[17] 同業者が結束して良質の製品を供給し、不良品との差別化をはかったのだろう。

明治二七年には東京市一五区内の諸車製造業者（人力車、荷車、馬車）は一七五名、[18] 明治三三年、東京市内の荷車製造業者は一九五名なので、[19] 明治後半に東京には荷車を製造できる業者がおよそ二〇〇名弱いたと言えよう。

職工の育成は一般的に、このような業者のもとに一〇代で住み込みの年季奉公に入る。最初に木製の部品製作を学び、次に鉋かけなどの大工仕事を身につけ、四～五年で荷車が製造できる一人前の職工になった。[20]

2　改造の工夫

巨大な車輪

心棒や輪金が鉄製に変わっていった同じ時期に、荷車運送の効率化をはかるために他にもいろいろな工夫がされた。新型の荷車を発売する場合には、府県の許可をとる必要があった。申請書に図面が付されているものがあり、工夫や努力がしのばれる。たとえば明治一四年（一八八一）、本所区の本

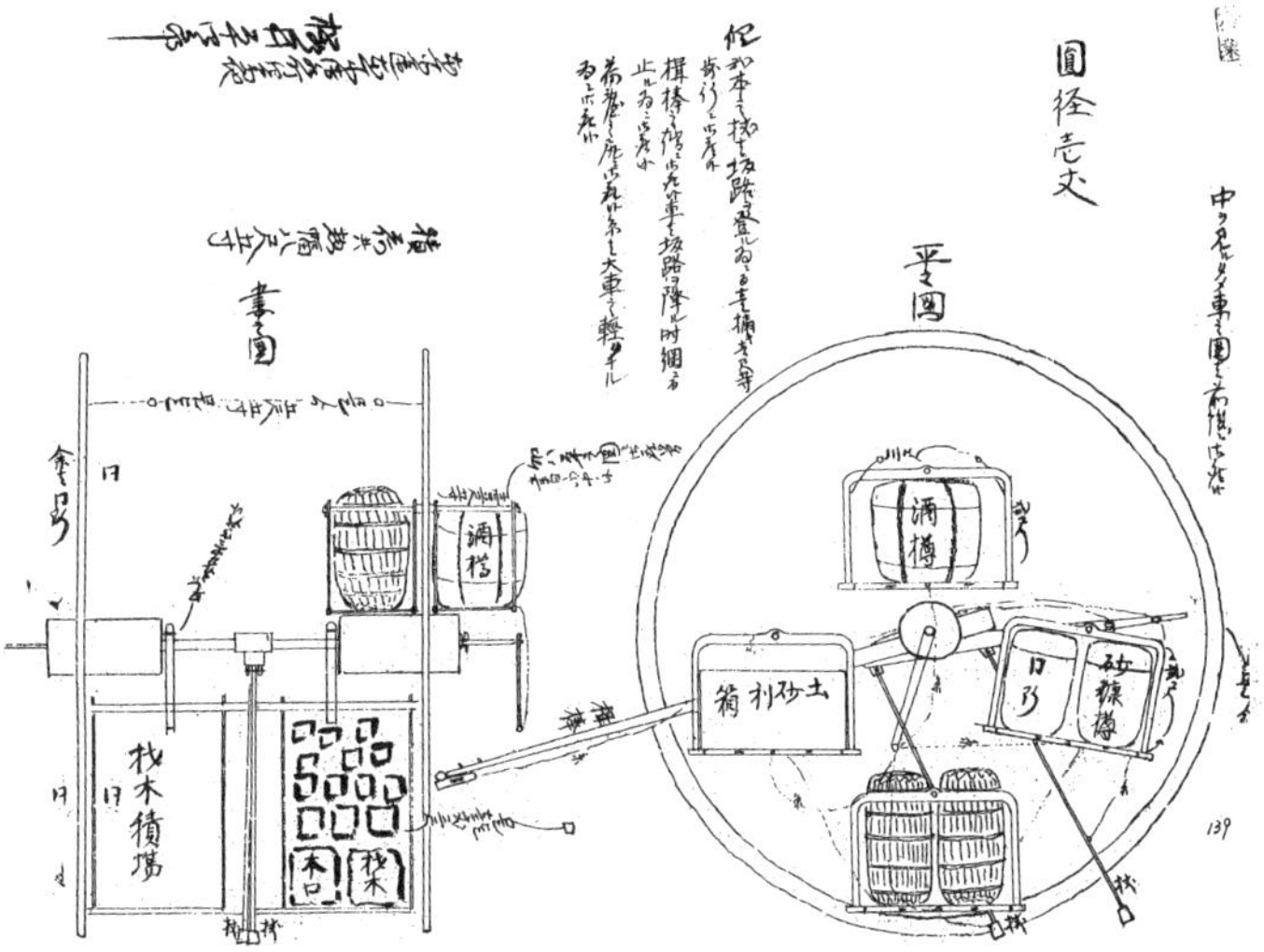

図22 桜井平四郎「荷車発売願」明治14年2月7日(東京都公文書館所蔵資料:「荷車発売願 桜井平四郎」明治14年)

所清水町の桜井平四郎が考えたのは巨大な車輪をもつ荷車である[21](図22)。

明治一四年二月七日、桜井は東京府に「新発明 坂登荷車販売願」を申請した。一般的な荷車の車輪の直径は三尺六寸である(約一・一メートル)。桜井が考案したのは直径が一丈(三メートル強)あるもので、普通の車輪の三倍である。図面によると、荷台に荷物を載せるというよりは、巨大な二つの車輪に荷箱を取り付けて運搬する案で、斬新な発想である。それぞれの車輪の外側に四つの荷箱をぶら下げ、車輪の回転にあわせて動き、天地がひっくりかえらないように工夫されている。また二つの車輪の間は、車軸から荷箱をぶらさげたり、車軸の枕木の上に荷箱を置いたりするようになっている。さらに工夫されているのは、車軸に杖のような支え棒を二本取り付け、楫棒との間にひもをわたし、車夫が楫棒を押しながら、ひもを操って支え棒を上げたり下げたり調節できるようにしていることで、現代の自転車でハンドルを握りながらブレーキを操作するように、荷車の動きをコントロールしやすくしていることである。坂道を登るときに支え棒を降ろして進み、積荷の重さで荷車が後ろ向きに坂道をすべり落ちないための工夫である。

このようにして荷箱ごとに米俵、酒樽、砂糖樽、材木、土砂などを分けて積むことができるので、一度に多品種の荷を運ぶことができる。また積荷の重量も多く運べるようになり、通常の運搬量は平地の一人曳で米六俵、坂路の二人曳で米五俵が標準だが、この荷車は平地の一人曳で三〇俵、坂路では二〇俵を運搬することができ（米一俵は一六貫目）、坂道で八人力を発揮すると桜井は説明している。巨大な車輪と荷箱の組み合わせ、ブレーキ状の支え棒による坂道登坂の省力化という従来と異なる荷車を発想した理由について、桜井はおおよそ次のようなことを述べている。

私は大工を職業としておりますが、御維新で世の中が変わり、進歩や開明に重きがおかれるようになって、自分も世の中にも役に立つものを考案したく思いまして、日夜安眠に甘んじることなく、心魂を砕いておりました。生来愚鈍なたちであることから、妙案に思い至らず日々が過ぎておりましたが、あるときふと、車輪の回転のことに思い至り、車輪が重かったり軽かったりする理由を考えはじめ、試作を重ねてきました。

桜井は御維新を新技術を考案する機会ととらえ、車輪の回転を軽くする方法を考えて、この荷車の発明にいたった。そもそもの関心は坂道を登るときの省力化であった。

このたび申請した車は東京の山之手地区だけではなく、上州の群馬、信濃、甲斐などの山国で坂路が多い土地でも、自由自在に荷車を曳き通すことができるようにと考案しました。

桜井の居住地は本所区で、運河が流れる平地であるが、東京西部の山手は荷車で坂道を通行する際の苦労が多かったのであろう。坂道で調整できる荷車には需要があるとみて、桜井は次のように専売を希望している。

この両年、新案の開発に集中してきた結果、負債が重なりました。他人が新発明品を見て模倣することは簡単でございますから、すぐに類似品を製造する業者があらわれると思われ、これまで丹精をこめて努力した甲斐もなく、負債を償却するにも差し支えが出ることが予想されます。まことに恐れ入りますが、ご審議いただいて、年限を区切って、私に製造を独占させていただくことは可能でしょうか。

さらに官用の運送について割引の提案を盛り込み、商売人らしい目はしの効いた売り込みをしている。

御官費の御荷物を運搬する際には、二十町以内であれば通常の運賃の三分減とし、二十町を超える場合は五分減にして、運送させていただくことも可能でございます。その二分の違いは荷を積み下ろす際の労力の手間の省き方によります。模型をそえて出願させていただきますのでよろしくお願い申し上げます。

桜井は運搬の利便性が増すことに商機があると考えたが、申請を受けた東京府勧業課の視点は異なり、荷車が巨大すぎることを問題にした。警視庁宛の照会状にも次のように記している。(22)

其ノ形状頗ル巨大ニシテ、径壱丈、幅八尺五寸、市街中運転候上ハ、危険ノ患ヒ、之レ有ル可ク候、(中略)本府下ニ於テ、市街ハ勿論、其ノ他道路上、推シ用ヒ候ニテハ、他ノ妨害ヲ為ス可ク候ニテ、右荷車ノ義ハ運用差シ許サザル方、然リトイタス可キニ候得共《そうらえども》、御庁御意見、一応承知イタシ度《た》ク、此相ニ及ビ御照会ニ候也

すなわち、この荷車は巨大すぎて、市街地では通行の妨げとなることを懸念している。警視庁も東京府勧業課と同様の判断で、三月二一日付の回答は、次のようであった。(23)

頗ル巨大ノモノ故、道路上ノ妨害ハ勿論、甚ダ危険ノ者ト思シ認メ候

以上のようなやりとりを経て、申請は却下され、巨大な荷車の発売は実現しなかった。(24)

登り坂の工夫

しかし、桜井はあきらめることなく、却下された五日後に次の案を申請した。登り坂での運搬を補助する支え棒を生かした案で、このたびの申請では通常の大きさの荷車に取り付けた(図23)。前回の却下の理由が「巨大」という点にあったので、予防線をはったのか「新発明　荷積小車」という命

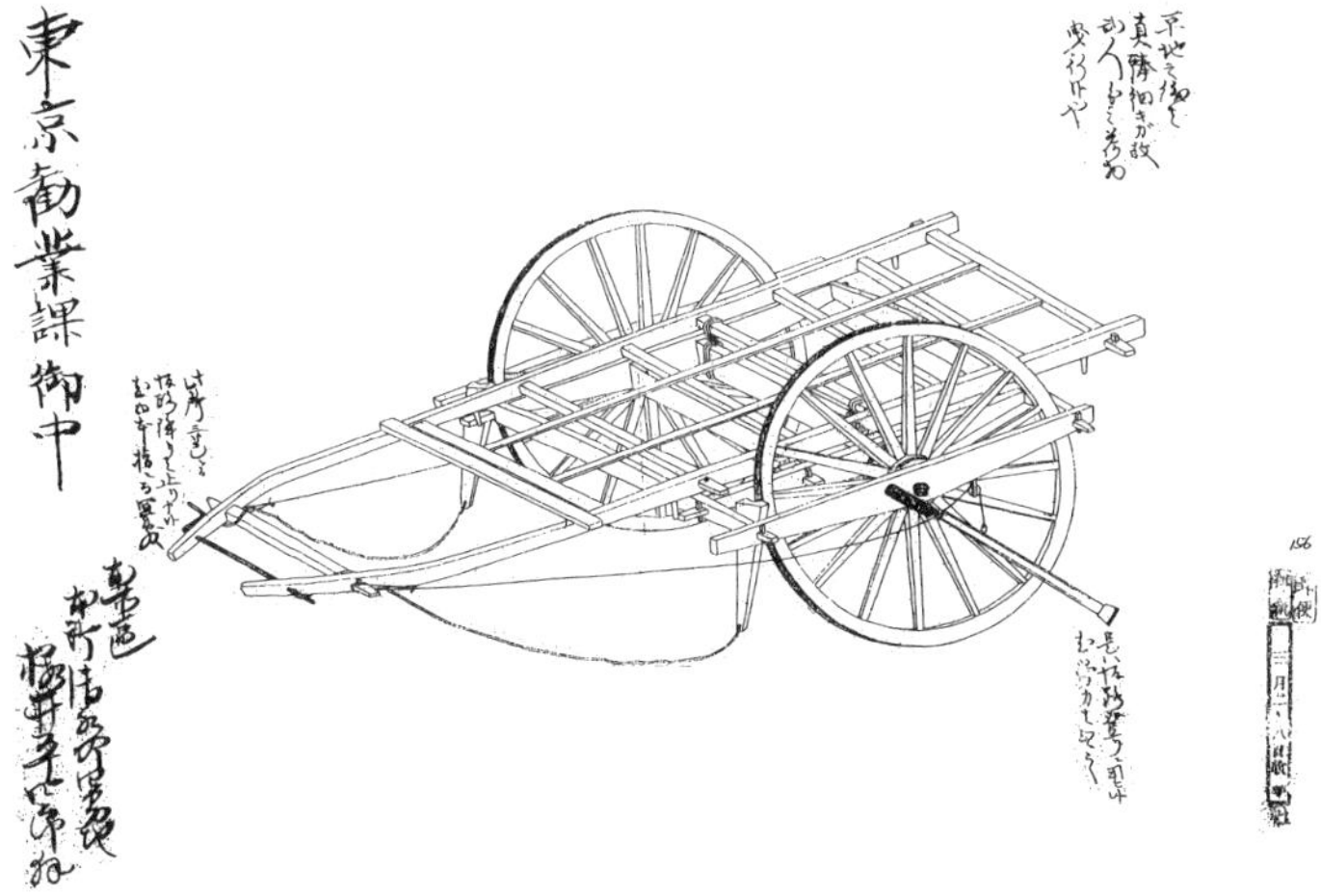

図 23　桜井平四郎「坂路荷車販売願」明治 14 年 3 月 26 日（東京都公文書館所蔵資料：「坂路荷車販売願　桜井平四郎」明治 14 年）

名で申請し、おおよそ次のように説明している。[25]

> 本年二月七日に申請を出した大車販売願については、まだ許可を得るにいたっておりませんが、東京市中での運搬の利便性を高めることを考えまして、小車を製造いたしました。この荷車小車は、橋梁や坂路などで、上りや下り、速度を速めたり緩めたりなど、思いのままに扱うことができます。しかも、道路の通行については、人も家畜も負傷する心配はございません。どうか御試験の上、私が一手販売することについて、仰せ付け下されますよう、雛形を持参いたしましたので、お願い申し上げる次第でございます。

この「荷積小車」は市中で用いることが便利な小回りがきく大きさにし、積載量が大きくて通行人に迷惑が及ぶ懸念はないことを力説している。桜

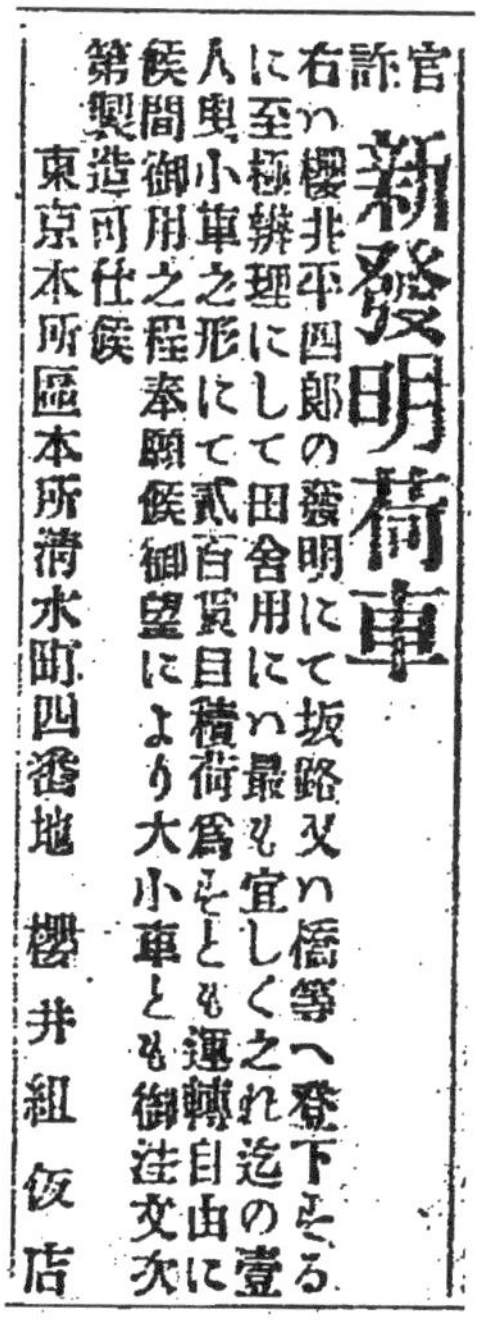
官許
新發明荷車
右ハ櫻井平四郎の發明にて坂路又ハ橋等へ登下するに至極辨理にして田舎用にハ最も宜しく之れ迄の壹人曳小車之形にて貳百貫目積荷爲すとも運轉自由に候間御用之程奉願候御望により大小車とも御注文次第製造可仕候
東京本所區本所清水町四番地　櫻井組仮店

図24　新発明荷車　桜井平四郎（読売新聞　明治14年（1881）4月14日広告）

井のねらいはブレーキ状の支え棒を売り出すことで、操作しやすく改良を加えて申請した。荷車の楫棒の右手に、三つ巴の鍵手を取り付けて、これを回せばひもを引いたりゆるめたりして、支え棒を上下に動かすことができるようになっていた。坂路を登るときは支え棒をおろして、荷車が坂道を後退しないようにし、坂道の下りや平地では支え棒を上げる。

　この申請は認可され、すぐに「新発明荷車」の新聞広告が出された。「桜井組」と名乗っている(26)（図24）。

「新発明荷車」右ハ桜井平四郎の発明にて、坂路又ハ橋等へ登下するに至極弁理にして、田舎用にハ最も宜しく、之れ迄の壱人曳小車之形にて弐百貫目積荷為すとも、運転自由に候間、御用之程奉願《ねがいたてまつり》候、御望により大小車とも御注文次第製造可仕《つかまつるべく》候、東京本所区本所清水町四番地
桜井組仮店

このように桜井の出願の経過から、荷車の操作性の向上もこの当時の荷車をめぐる課題だったことがわかる。積載量を大きくすると、坂道を登るときに荷物の重みで後退・逆走する危険性が増すので、それを防ぐアイデアを考えた点に桜井の独創性があったといえよう。

速度と重量

荷車の速度向上も課題の一つであった。「軽運車」とよばれる新型の荷車が明治一四年（一八八一）の発刊本に記され、従来型との違いが次のように述べられている。(27)

「軽運車と大八車の話」近来《ちかごろ》、軽運車といふ極く軽便なる荷車の出来《でき》しより、運輸には多くこの車を用しが、或日、挽夫《くるまひき》二人が荷物を運《はこ》んとて、一人ハ軽運車を挽き、一人ハ大八車を挽き、重荷を積んで出掛けたりしが、一人の挽く軽運車ハ轟々と音囂《やかま》しく鳴りしに、此の挽夫ハ軽運車を顧みて、ヱー囂《やかま》しい車め、先の大八車を見ろ、手前より荷物ハ沢山積んで居ても黙つて居るわい。

「軽運車」は従来型より速度は出たが、構造的な理由によるものか、きしむ音が耳障りだったようである。きゃしゃな作りだったのかもしれない。

3　荷車の応用パターン

モースの観察眼と荷車

モース（序章参照）は明治一〇年代に三回にわたって渡日し、日本滞在の間に目にした事物を克明に書き留め、文章や図に表している。用途に応じて工夫された荷車や運搬方法はモースの関心をひいた。何度も荷車の光景に言及している。

明治一〇年（一八七七）の滞在時にみかけたのは、上半身を裸にして、郵便屋の男が黒塗りの二輪車を曳いて走っていく光景である。荷台に竿をたて、竿の先に日の丸が翻っていた（図25）。郵便屋の曳き手は途中で交代しながら全速力で走るので、馬よりも早かった[28]。近代の郵便制度が始まってまもない時期に走っていた黒塗り、日の丸の郵便運搬車は「軽運車」に近いものだったのかもしれない。

まちなかでは樹木を運ぶ荷車を頻繁に目にした（図26）。とくに晩秋の一一月末によく見かけるので、この時期は「木を動かす季節」なのだろうとモースは推察している。三〇人がかりで大木を運んでいたこともあった[29]。運ばれている樹木に花が咲いたままだったり、実がついていることがモースの関心をひいた[30]。

町でよく見受けるのは、労働者が二輪車に、実のなった、あるいは花の咲いた—例えば椿—木を

図 25　郵便屋と黒塗り・日の丸の車　出典：[モース 1970a，57 頁]

図 26　植木を運ぶ荷車　出典：[モース 1970b，224 頁]

のせて曳いていることである。かかる木は屢々大きく、莚《むしろ》で包んだ根が直径五、六フィートあることもある。これ等は、よく花が咲いていたり実がなっていたりするが、日本人はそれに損害を与えずに運搬することが出来るらしく、木は移植されるや否や花を咲かせ続ける。土壌が肥沃で空気に湿気が多いから、移植に都合がよく、また多量の土を木と一緒に掘り出して、それをつけたまま運搬するし、それに何といっても日本の植木屋は、この芸術にかけては大先生である。時として荷物が非常に重いことは、四、五人の男が車を引いて行くのに、精一杯、引張ったり押したりしているのを見ても判る。

動物学を教え、博学だったモースは花や実がついたまま樹木を運搬する光景から、樹木を移植する日本の技術の高さに注目し、気候や土壌などの生態的特性にも言及している。重い積荷をみて、労働や社会状況にとどまらず、日本の自然や技術水準を洞察する烱眼は、汽車の窓から大森貝塚の発見にいたった観察力の鋭さを彷彿とさせる。

塵芥車の工夫

同様にモースが目をとめたのは塵芥車《じんかいしゃ》である（図27）。二回めの滞在時にみかけた塵芥車について詳しく言及している(31)。

私は塵芥車に（それは手車である）、如何にも便利に、また経済的に尾板を取りつけた方法を屢々

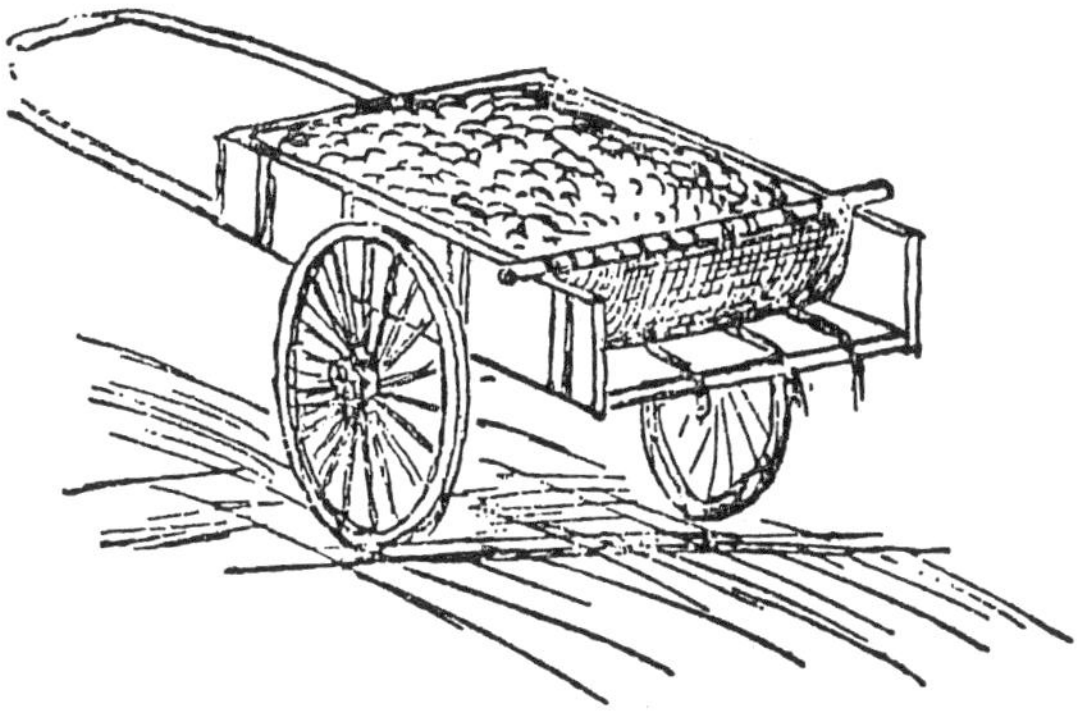

図 27　塵芥車と莚の工夫　出典：［モース 1970b，102 頁］

見た。それは単に一本の棒に、窓掛みたいな具合に、一枚の粗末な莚をくっつけた物で、この短いカーテンの末端は、車の尾端からたれ下り、塵芥の重量は莚を押えつけ、棒は莚が落ちることを防ぐ。称讃すべきは、この物全体の簡単と清潔とである。かくの如き簡単な実際的の装置が、屢々我々の注意を引く。

荷車の荷台に莚をしき、莚の端を細い棒にまきつけて袋状にし、バラ土など細かい砂状のものを運べるようにしていた。身近なものを工夫して使う応用力の高さにモースは驚嘆している。日本人の生活の知恵を読み取ったのだろう。

細部に凝らされた工夫はよほど印象深かったらしく、その後も各地を訪れた際に、モースは塵芥車を見かけると目をこらして観察していたらしい。神戸の塵芥車にも興味深い発見があった[32]。

神戸の塵芥車は、面白い形をした三輪車で、小さな中心輪ははるか前方にあり、二個の主要輪もろとも一枚の板

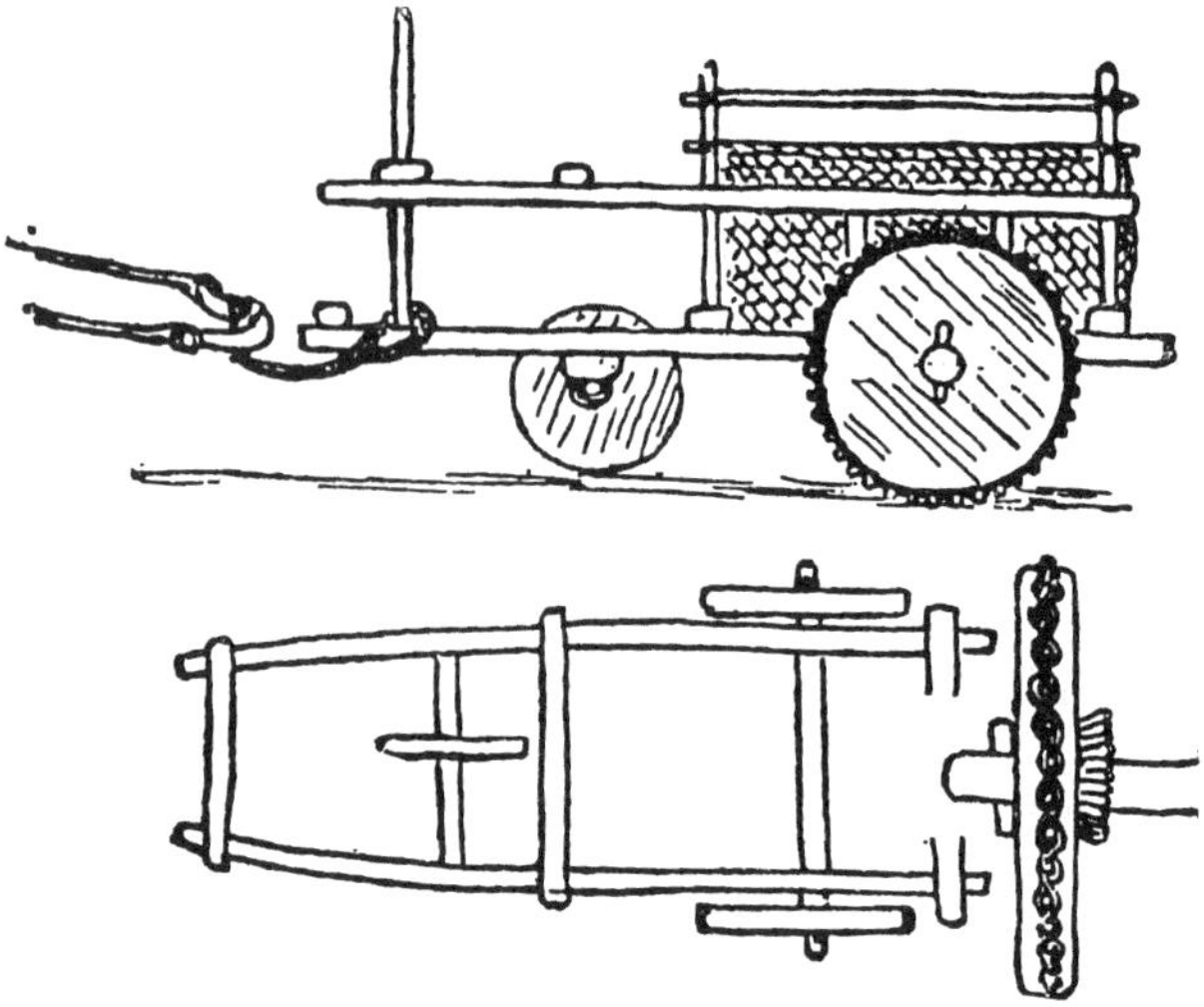

図28　神戸の塵芥三輪車　出典：［モース 1971，123 頁］

から出来ている。心棒は固定し、車輪はその上を回転する。輪帯は一部分打ち込んだ固い木造の釘から成り、それ等のとび出た部分の間を縫って藁縄がまきつけてある。何故こんなことをするのか、恐らく釘が深く路面につきささるのを防ぐ為と思われるが、私は聞かなかった。

興味を引いたのは三輪車になっていたことや、車輪にほどこされた細工である（図28）。車輪の外周は鉄で輪締めされているのではなく、釘が打ち込んであった。そこには藁縄が巻き付けてあった。いわば「縄締め」である。釘を打ち込むことは木製車輪の強度を高めるために必要だったのだろう。身近で手頃な釘を活用して補強した点に工夫が読みとれる。藁縄の使用は、釘が道路の表面を荒らすことを避け、かつ車輪の摩耗をふせぐ処置だったのだろう。

牛乳屋と箱車

雑貨や食品などを荷車で運ぶ際に、こぼれ落ちたり、ちり砂ぼこりで商品が汚れたりすることを避けるため、箱状のものを荷台に取り付けて物品を運搬するようになった。これを「箱車」という。明治二〇年代から三〇年代にかけてこのような車輌がさかんに使われるようになった。たとえば牛乳屋の配達、呉服屋、小間物屋、売薬商人の行商、菓子屋の実物見本販売、卸売配達などに箱車が使われた。商売用なので見栄えをよくし、黒塗りの箱車、色ペンキ塗りの車、亜鉛や銅を張った車などが作られた[33]。

牛乳屋の箱車が作られるようになったのは、明治二四〜二五年（一八九一〜九二）頃で、神田三崎町に本店があった牛乳搾取・販売業の「愛光舎」経営者の角倉賀道が、諸車製造の尾張屋製車場に注文して作らせたのが嚆矢だという[34]。牛乳屋の箱車は赤く塗られており、牛乳壜を積み込んで配達した（図29）。牛乳壜を使うようになる前は、「小配達」とよばれる配達人がブリキの大きな牛乳鑵と、漏斗《ろうと》、長柄《ながえ》のひしゃくを手にぶらさげて各戸を回った。配達先の戸口で容れ物を出してもらい、ひしゃくで分量を計って、計り売りをした。牛乳壜を使うようになったのは明治二二年からである[35]。牛乳を壜に充填するようになったので、一度に大量の牛乳壜を運べるようになった。液体で重量がある牛乳

図29　牛乳屋の箱車（引札，雪印メグミルク酪農と乳の歴史館所蔵）

壜を運ぶので箱車が便利であった。

「耶蘇の菓子屋」の箱車

「菓子屋の箱車」として知られていたのは森永である。創業者・森永太一郎はアメリカで一一年間、西洋菓子の修業をして明治三二年（一八九九）に帰国し、赤坂区溜池町に森永西洋菓子製造所を開いた。二坪の作業場でマシマロー（マシュマロ）、キャンデー類、ケーキなどを作った。卸売先を開拓するために、太一郎自ら試作品をもって、菓子店に営業に行ったが結果は芳しくない。そこで菓子の実物を見せて営業することを思い立ち、特別の箱車を注文した。高級感を出すために箱車の本体は漆塗りにし、菓子の実物が見えるようにガラス窓をはめてショーウインドウのようにした。太一郎はクリスチャンだったので、箱車の上には金文字で聖書の一節を書いたプレートをのせた。これを牽いて回ると、「耶蘇の菓子屋」として知られるようになり、徐々に卸先が増えていった。

営業が軌道に乗るようになると、卸売先の菓子店へ製造した菓子を納めるために、少年店員が配達用の箱車を曳いて回るようになった（図30）。午前一〇時頃に赤坂区の店を出て、麹町区、牛込区、下谷区と回り店にもどるのが午後三時頃になった。途中で牛めし屋の丼か、天ぷらの定食をかき込むのが楽しみだったという。地方から注文が入るようになると、繁忙期には包装、荷造り、出荷先の仕分けで忙しく、市内配達に出発するのが午後七時になることもあった。坂道を登り降りし、むくんだ足をお壕《ほり》の冷たい水で冷やして気合いを入れ直し、夜半一二時近くにようやく店に帰り着いた。(36)

図 30　森永の配達用箱車の模型（森永製菓株式会社所蔵）

車利用の活発化

明治三〇年代には、荷車や諸車の往来が増加し、東京府内の道路の摩耗・損壊が激しくなった。そこで東京府は警視庁が定めた「荷車取締規則」（巻末参考資料）の徹底をはかり、明治三三年（一九〇〇）一二月をもって、基準に合致していない荷車や箱車の使用禁止を告知した。四月一六日に東京府に召喚された東京市内の荷車製造業者は一九五名で、車輌ごとに車輪の幅が異なることや、荷車製造の基準の確認などが行われた。呉服屋、菓子屋、洋酒屋などの箱車の場合も積載量一四坪を超過している場合には基準厳守であることが改めて確認されている。府内に乗り入れる他県の荷車も同様の基準を遵守するように定められていた。

以上のように、荷車の製造に関して、明治一〇年代までに心棒、輪金を金属製にすることが普及した。次の二〇〜三〇年代にかけて、運搬の利便性向上のために工夫をこらした各種の荷車が登場するようになった。車輛の利用が活発になるにしたがって、道路の修繕や摩耗を防ぐことも重要な課題になっていたといえよう。

第四章　都心商業地と小運送

1　新興実業層と物流基盤

都心商業地と物資の流入

近世の江戸市中では荷車の使用が許可されていたこともあって、引き続いて明治期に荷車運送が活発だったのが、近世以来の商業地の日本橋、京橋周辺である（図31）。日本橋区に隣接する神田区は、神田川の舟運による物資を日本橋に搬入する入口の一つで、主要な荷揚地は万世橋である。また京橋区に隣接する芝区に新橋停車場が設けられたことから、鉄道貨物が日本橋周辺へ運送される物流経路が新たに形成された。

日本橋には近世以来の運河や河岸があったが、明治一七年（一八八四）の「市区改正」案にはさらに一五本の運河新設が盛り込まれ、隅田川や神田川から日本橋への舟運をより便利にする計画が立て

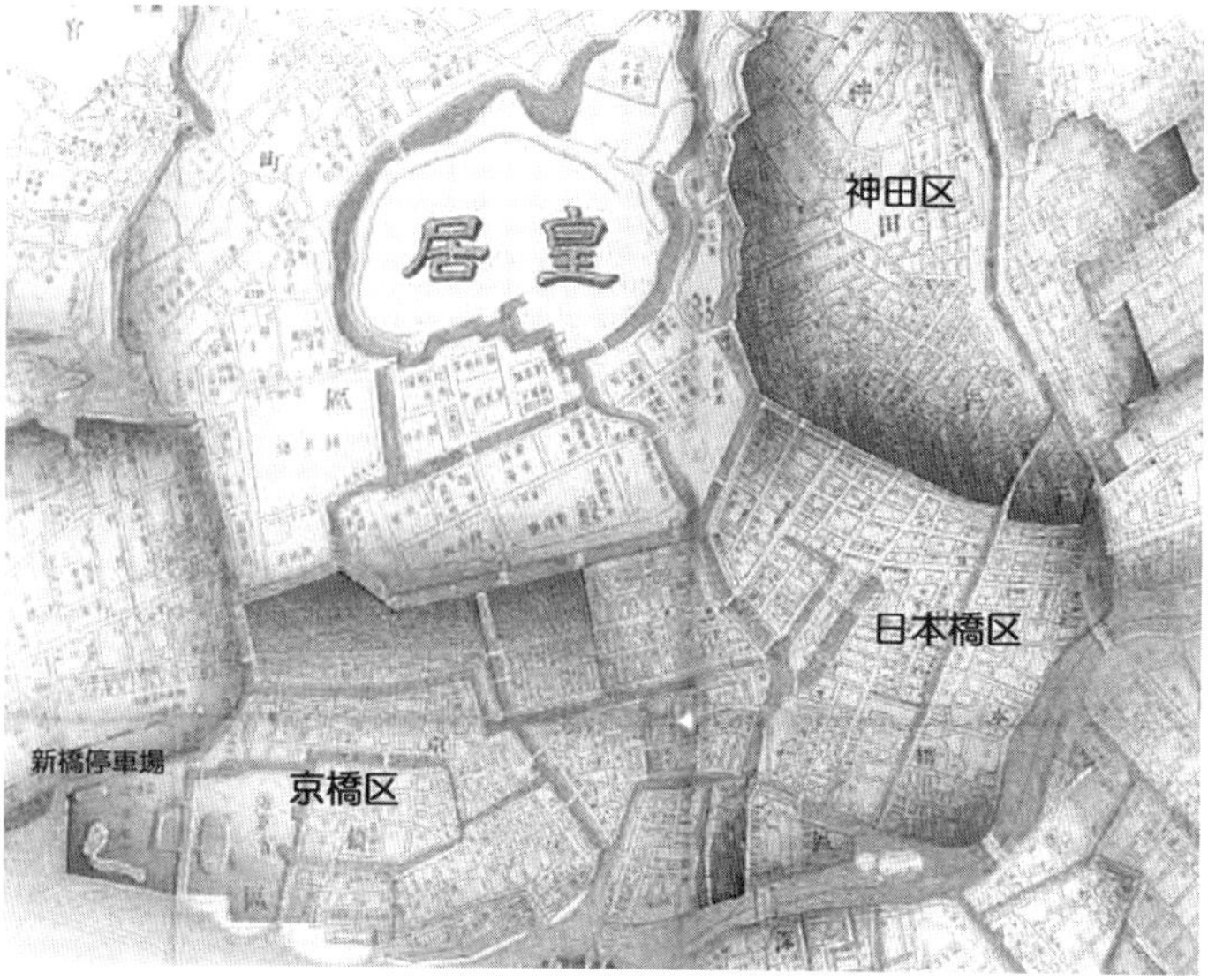

図31　明治期前半の都心商業地区（鈴木金次郎編輯，1887，「明細測量東京全図」，松影堂，国際日本文化研究センター所蔵）

られた。長距離輸送の舟運、陸運で運び込まれた物資が河岸の倉庫などに保管され、日本橋、京橋周辺で取引されて、短距離輸送で東京市中へ配送された。

明治一四年（一八八一）一〇月に松方正義が大蔵卿に就任し、財政緊縮、通貨収縮を進めて松方デフレが続いたが、明治一九年に景気は上向きはじめた。維新以降、東京をどのような都市に造りあげていくか、さしたる方向性が明示されないまま推移してきたが、松方デフレによって財政、行政面の再編が進むさなか、東京府においても都市計画が立案されるにいたった。それが明治一七年一一月一四日に東京府知事の芳川顕正《よしかわあきまさ》によって内務省に上申された「東京市区改正意見書」(芳川案)である。[1]

「市区改正」案を検討するため、内務省に市区改正審査会が設置された。内務卿は山県有朋、内務少輔は芳川顕正で、審査会長には芳川自らが就任することになった。芳川は東京府知事として上申した案を、内務少輔として自ら審査することになったが、委員会では自案に都合よく議事を誘導することはなく、委員の発言にまかせた。[2] 審査委員は中央政府の各省、警視庁、東京府から一四名、民間の代表として東京商工会から渋沢栄一(第一国立銀行頭取)、益田孝(三井物産会社社長)が加わった。東京市区改正は確定するまで四つの案が作成されたが、最初の「明治一七年芳川案」は交通体系(道路・河川・鉄道・橋梁)の整備に重点があった。

市区改正と道路利用

翌一八年(一八八五)二月二〇日、市区改正審査会の第一回が開催された。[3] このとき道路の等級や道幅が細かく議論され、馬車鉄道の軌道が問題になった。すでに明治一五年、東京馬車鉄道会社が東京市内で営業を開始していた。路線は新橋から京橋、日本橋、万世橋、上野を通って浅草へ向かい、浅草から日本橋へ南下するもので(図32)、東京市内のメインストリートに軌道が敷かれ、道幅をふさいでいた。馬の溜まり場が不衛生という苦情も多く寄せられていた。種々の支障が生じている馬車鉄道の今後が議論され、道路利用に関して、複数の委員が荷車に言及した。

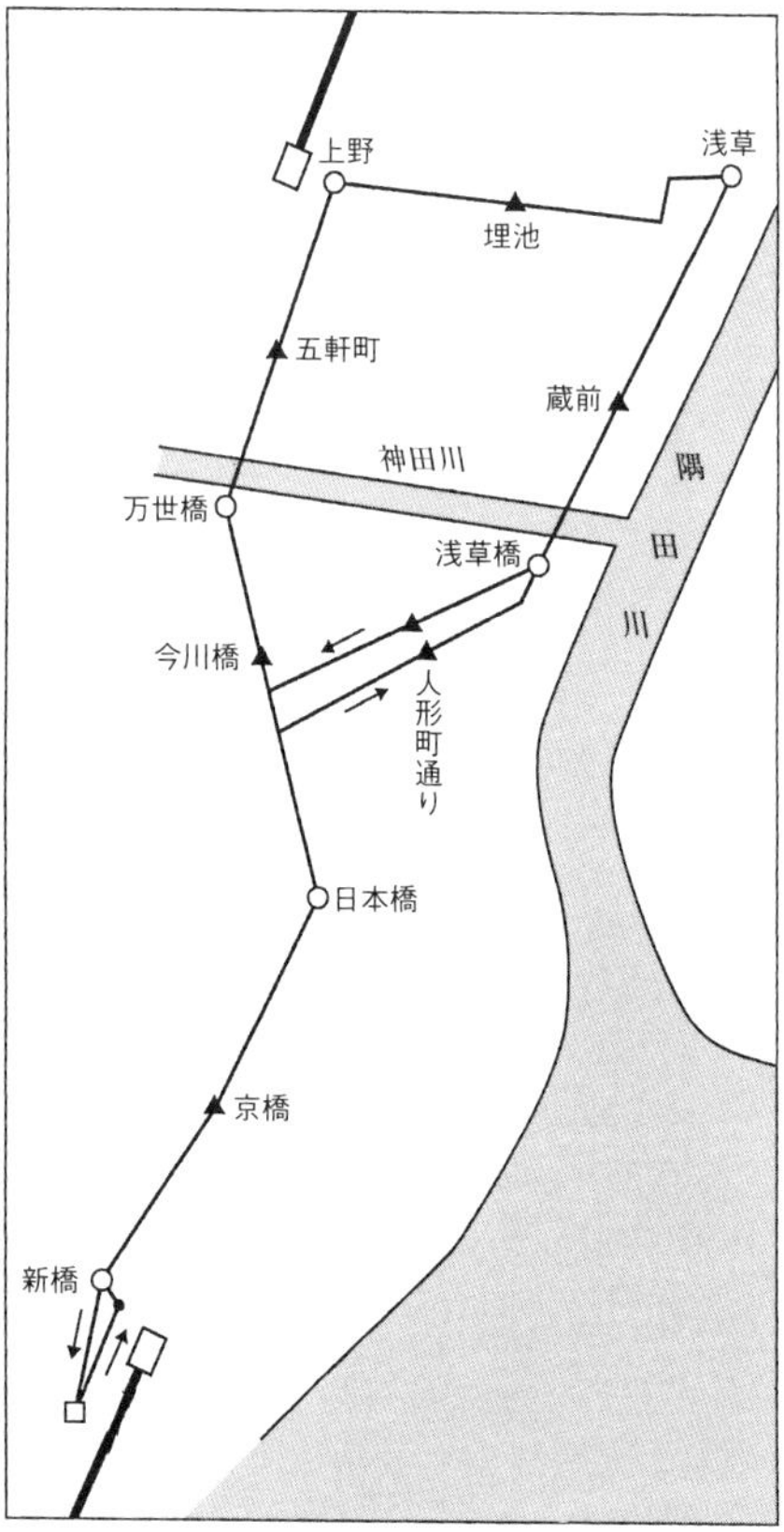

図32　馬車鉄道軌道　出典：[中西 2006, 10頁] を一部改変.

芳川顕正（審査会会長）

馬車鉄道は尤《もっと》も狭隘なる市街へ複線を布設しある為め、荷車は勿論人力車の通行を妨ぐることもあり、或は往来人に負傷せしむる等不都合尠《すく》なからず。

益田孝（東京商工会代表）

市中には鉄道馬車を断然禁止するに如かず。又商業の点に付て考うるも、現に新橋停車場より日本橋辺へ荷物を運送するに通路を彼の鉄路に妨げられ、荷車は大概裏町を迂回する姿にて、余程の不便を覚えり。此先き鍛治橋に停車場を設ければ、小網町等への運輸も頗る多からんに、三等以上の道路へ馬車鉄路の布設ありては荷車の通行其路なきに苦しむべし。殊に荷物の運搬も追々車馬にのみ牽かすることとなりなば、弥々《いよいよ》鉄路の布設は不便ならん。

審査会長だった芳川は、馬車鉄道の軌道が荷車や人力車の通行を妨げ、通行人との衝突事故を起こしていることに言及している。この当時、鉄道馬車と荷車の事故として次のような例があった。

明治一六年（一八八三）一月一三日、下板橋の水車小屋の雇人・半座市五郎（六五歳）は主人に頼まれて荷車に沢庵用の大根を積んで、日本橋本石町の出入り先に届けた帰り道、午後一時半ごろに万世橋の手前を通りかかった。上野方面から駆けて来た鉄道馬車に足を引かれて、「あっ」と叫んで倒れ気絶した。巡査が駆け寄り、釣り台に市五郎をのせて、和泉橋警察署に運びこみ、医者を呼んで応急処置をして、親戚を呼んで連れ帰らせた(4)。

同じ年、一二月二三日午後二時ごろ、浅草茅町二丁目を第三六号鉄道馬車が走っていたところ、荷車を曳いていた南葛飾郡の関根思左衛門（六五歳）を引っかけてしまった。思左衛門の右手の甲と人差指が馬車に引かれてくじかれた。巡査が駆けつけ、思左衛門は蔵前の小林病院に担ぎ込まれて、そのまま入院した(5)。

また、明治一九年一二月四日の衝突事故のありさまは、「傷死」と題して次のように詳細に報じられている(6)。

芝口壱丁目の荷物運送会社へ日々雇はれて出る芝田村町の為川庄吉の兄、荒川五助が一昨々日、午前十時ごろ例《いつも》の如く荷車を挽いて南伝馬町の往還へ来ると、日本橋の方より鉄道馬車が走って来たゆえ、五助は右の方へ避けんとせしが間に合はず、車輪が馬車に触れて荷車がクルリと廻る拍子に五助は蜻蛉がえりに線路へ投げ倒され、耳はちぎれ、口は裂け、其のまま気絶せし騒ぎに、車掌も馭者も仰天し、水よ薬よと介抱するうち、同所派出所よりも巡査が駆け付け、取り敢えず畳町の医師・安藤卓爾氏方へ連れ行き、厚く手当をしたので漸く蘇生しされば、田村町の弟・庄吉方へ送り、療養怠らざりしが、其の甲斐なく遂に翌日午後三時に死亡せし由、気の毒の事なり。

いずれも馬車鉄道がスピードを出していて荷車や車夫に衝突したもので、死傷者を出している。

益田孝の「荷車」擁護

益田の発言は鉄道馬車の通行が荷車の運送を妨げていることに言及している。荷車はメインストリートを避けて、裏道を通っているという。新橋停車場まで運ばれてきた鉄道貨物を荷車に積み替えて、日本橋まで搬送する際の動線を益田は指摘している。

芳川案には鍛冶橋周辺に中央ステーションを設けることが盛り込まれていた。東京駅として開業が実現するのはこの時点から二九年後の大正三年（一九一四）であるが、益田はすでに頭のなかで鍛冶橋の中央ステーションから、日本橋小網《こあみ》町までの物流経路を思い描いている。小網町に行く道は兜《かぶと》町を通る。兜町には益田の三井物産会社本店、第一国立銀行、株式取引所があった。そこから鎧《よろい》橋を渡ると小網町で、さらに先には米穀取引所がある。日本における物産取引の大動脈になると予想されるのが鍛冶橋から小網町への道である。その動線は日本橋を東西に横切る。馬車鉄道の軌道は日本橋を南北に貫いている。将来的に物流の大動脈と交差し、障害になるかもしれない。益田の意見は馬車鉄道廃止論である。

鉄道貨物の取り扱いについて、三井には長い実績があった。明治五年（一八七二）に鉄道が開業し、最初に鉄道荷物取扱の許可を得たのが三井組である。六年八月に許可がおり、九月に新橋と横浜間の貨物輸送が始まった。三井組は新橋、神奈川、横浜の各停車場の構内に取扱所を設け、八年三月一五日まで三井組だけに許可されていた。(7) それ以降は、他業者も取扱に参入できるようになった。

三井だけが取り扱っていた期間の運送品目と運賃は表5の通りである。当初から多様な産物、輸入品、日用品を扱っている。その時期にあたる明治八年二月の新橋—横浜間の旅客運賃収入は二万七四九一円（一二万二二七人）、貨物収入は二七三二円七一銭三厘である。(8) 三井組は着駅から各戸口への荷物配送も請け負った。「荷物届先迄之車力、並軽子《ならびにかるこ》賃等、荷嵩、遠近ニ応シ、相当之賃銀、荷主ヨリ受取申ス可ク」と記され、車夫や人夫にかかる別料金をとって荷車で配送した。新橋から各所までの配達料金は表6のようであった。

益田の三井物産会社が三井組の傘下で開業したのは明治九年七月で、三井組が鉄道貨物を一手独占

表５　三井組取扱の鉄道貨物運賃（神奈川—新橋間，明治８年２月）

百斤単位の運賃	品　目
4銭	海草，米，砂糖，日本酒，石炭，空箱
6銭	塩魚，干魚，干タイ，菓物，漬タル菓物，味噌，煙草葉，袋，麻，農具，茶，種物，粉，穀物，茸類，鋳物類，針金，砲丸，鉛，鉄，唐糸，綱，砥石，曹達，油，日本紙，日本傘，空瓶，大工道具，棒砂糖，洋酒桶入
8銭	衣服，帆布，織物，ゴム敷物，キヤップ，ビール瓶入，瀬戸物，フイゴ，膠，松脂，木皮生皮，煙草，靴墨，石鹼，蠟燭，羽毛，染料，藍玉，硝石，甘草，錠，金剛砂，武具，扇，石板，海綿，野菜，パン，豚牛肉桶入
12銭	生糸，繰糸，繭，時計，ランプ，玻璃器，家具，小間物，陶器，書籍，洋紙，洋傘，植木鉢入，乾薬，薬材，水銀，毛皮，ミルク，肉鮮食料，菓物ノ鮮及水，バター，洋酒
20銭	鏡，銅貨幣，絹布
50銭	金銀貨，紙幣，養蚕紙

出典：読売新聞：明治８年２月19日より，武田作成.

していたのはそれ以前のことであるが、益田は横浜で貿易事務を扱った経験が豊富で、横浜港には三井物産の拠点もある。横浜港に荷揚げされた物産を東京市中に運び込むルートやコストを熟知しており、将来の物流網を構想して審査会で発言していたのである。

ちなみに中央ステーションが設けられる予定の鍛冶橋周辺は、この頃すでに人や車馬の往来がさかんで交通が混雑しがちだった。明治一五年（一八八二）一一月には荷車と騎馬の間で次のようないざこざが起きている(9)。荷車を曳いていたのは京橋区の車夫・井上清兵衛で、午後三時ごろ、店まであと一息の鍛冶橋周辺に荷車をとめてひと休みしていた。そこへ騎馬に乗ったお役人様が来るから邪魔者はよけろと、官吏の馬丁《べっとう》が先駆けで走ってきた。

表6　鉄道貨物の東京市中での配送料金（三井組）

新橋停車場からの配送地域	配送金額（※）
京橋	2
日本橋，中橋	2～ 3
宝町十軒店	4～ 5
本町，伝馬町，富沢町	6
馬喰町，両国橋	7
浅草橋，蔵前	9～10
筋違，今川橋	7～ 8
駿河台，小川町	10～11
本郷，駒込	15～20
下谷，上野	10～12
根岸，谷中	15
麹町，番町	8～10
四谷，市ヶ谷	12～15
虎ノ門，山王	7～8
麻布，赤坂	8～12
西久保	5～6
赤羽	5～8
三田，高輪	8～10
本所，深川	15～18

※配送金額は新橋停車場からのもの．
単位＝銭（貨物百斤につき）
出典：[高村 1934，802-803 頁より，武田作成．

馬丁は清兵衛を見て、「此《こ》の親父《おやじ》め、荷車が邪魔になるに、早く其所《そこ》を退《の》けぬか」と云へば、清兵衛は冷笑《あざわら》ひ、「馬鹿をぬかすな、天下の往来が幾ら官員風を吹かせても其《そ》んな事でビクともする清兵衛ぢやない、退《の》けて貰《もら》はうと思ふなら、詞《ことば》を卑《ひく》くして懇《ねんご》ろに頼みなさい」とイッカナ動かぬ挨拶に、馬丁は怒の髪を逆立て、突然道に有《あり》合ふ小石を取って、清兵衛の脇腹へ叩き付けしに、忽ち同人は気を失ひ、大地へ動《どう》と倒れし（後略）

かくて、馬丁は派出所へ拘引され、清兵衛と示談になったのである。

商都の計画と物流

審査会に渋沢と益田を委員として送り出している東京商工会は、あらかじめ独自に委員会を設け、七人の委員を選んで審査会に先立って討議を重ねていた(10)。フォーマルな手続きによって練り上げられた東京商工会の意をくんで、渋沢や益田は審査会で発言していたのである。

東京商工会の意向を反映して、審査会で渋沢と益田が主張したのは「商業都市」の建設である。中核になるのは国際港と中央ステーションである。海運、陸運の両面から物流基盤を整備する。そして商法会議所、共同取引所を建設して、金融取引と物産取引がダイナミックに連動し発展する商業都市の構想である。

「商都」建設のイデオローグは思想家の田口卯吉《たぐちうきち》であった。田口が主筆の『東京経済雑誌』の編集室は第一国立銀行の二階にあって、渋沢がパトロンである。田口は明治一二年（一八七九）以来、雑誌上で東京築港論を展開していた(11)。のち、渋沢は審査会の審議の本質について「要するに東京を単に帝都として、品のいい美麗な街にするか、それとも商工業の立地からして港湾をも取り入れて、所謂産業都市たらしむるかと云う二つの説があった。（中略）主として此方面の論をやったのは私と益田孝氏だった」と述べている(12)。審議対象の芳川案はこのように審査会の討議を経て、築港、交通、施設が産業基盤として連動する「商業都市」案に変わっていった(13)。

田口の築港論にみられるように、商業都市案は陸運（鉄道）と水運（河川、港）の双方が機能することを重視している。審査会で渋沢、益田は東京市内の運河が機能する物流設計になるように発言をしている。たとえば、日本橋川沿いの道幅を広げるため、荷揚げに必要な河岸地をつぶす案が出たときには、

益田孝
是ハ大事ノ所ニシテ、河岸地ヲ潰サザレバ（道路の―武田注）幅員ヲ広クル能ハザルベシ、而《しこう》シテ河岸地ハ必用ノ場所ナルニヨリ、寧ロ道路ノ方ヲ原案ノ如ク十二間幅トナシ置クベシ

渋沢栄一
此処ノ水運ヲ利用スルハ甚ダ宜シキコトニシテ、然ランニハ河岸地ハ、ナルベク広クナシ置ク方ナリ

と述べている(14)。

また、日本橋の四日市町に魚市場があり、問屋、仲買八二軒が営業する規模だったが(15)、道幅拡張に関連して四日魚市場の存廃が議論の俎上に上がった。委員の一人である内務省衛生局長の長与《ながよ》専斎《せんさい》が都市衛生の見地から廃止論を述べた。

日本ノ首府東京ノ中央ニ、彼ノ不潔ナル市場アルハ抑《そもそ》モ何事ゾヤ、此ノ如キコトハ世界ニ其比ヲ見サルベシ、故ニ何ハトモアレ魚市場ハ移転セシムベキモノナリ

それに対して、益田は即座に次のように反論した。

上総房州ヨリノ舟ハ皆ナ四日市ニ来ルガ便利ナルニヨリ、天然市場トナリイモノナリ、故ニ我々、商人ヲ代表シテ出席スル上ハ四日市移転説ニハ飽迄同意ナシ難シ

商工会の立場から市中の舟運擁護の論を展開したのである[16]。このように明治期に東京市内の河川水運は、商工業発展のためにも重要な物流経路の一つであり続けた。

審査会で大きく修正された「市区改正」（審査会案）は明治一八年一〇月に内務省に副申されたが、外務卿井上馨が主張する鹿鳴館建設に代表される官庁集中計画が優先されたため、市区改正はしばらくの間、棚ざらしに遭うことになった[17]。

2　樋口一葉の父と荷車運送の組合

荷車運送業者の組合結成

東京市内の河川水運が活発だった明治二〇年代、荷車の営業者が集中していた地域の一つが神田川流域である。明治二一年（一八八八）、神田区の荷車運送の営業者を中心に組合結成のうごきが起きた。そもそも荷車運送の商売とはどのようなものだったのだろうか。組合として認可されるまでに、東京府と申請者の間で書類の往復があり、運送に関わっていたアクター（関係者）を知ることができる。

最初に同業組合認可の申請書類を出したのは明治二一年二月のことである。申請者は神田区皆川町の山田卯吉で、他に四九名が連名し、組合名は「荷物運搬営業組合」であった。ところが、組合設立の目的が産業振興という趣旨とずれているということで、東京府農商課はいったんこの申請を却下した。却下の理由を述べた文書のなかで設立の目的に言及している。(18)

本願組合ハ準則ヲ適用スヘキ種類ナルヤ否ヲ判定セシ為メ、願人ニ就キ組合ヲ必要トスルノ旨趣訊問セシ処、元来本業ハ他人ノ貨物ヲ運搬スル営業ナルニ、近来輓夫ニ不良ノ徒多ク、其所為或ハ荷物輸送中逃走シ、或ハ車主ニ無断ニテ車ヲ輓キ出シ、数日間使用ノ後、之ヲ路傍ニ捨置ク等ハ、其最モ重ナルモノニテ、為メニ荷主ニ信用ヲ失シ、営業上自然衰頽ノ傾キ有之、故ニ組合ヲ以、此害ヲ防カントスルノ意ナリ云々。以上ノ答翰ニ因ルトキハ、要スルニ輓夫並ニ荷車ノ取締方ヲ厳ニセントノ意ニ出タルモノニテ、物産ノ改良繁殖ヲ目的トスル準則ノ旨趣ニハ適合セサルモノト認定スルニ依リ、其旨願人ニ示諭シ、本願ヲ却下スルモノトス。

これによると、他人の荷物を引き受けて運送することを商売とし車夫を雇うが、車夫に「不良の徒」が多いという。具体的には、運送中に遁走して行方不明になる、車主に無断で荷車を使用し路傍へ放置する等の問題である。運送を依頼する荷主の信用を失う懸念があり、信用失墜で商売が先細りになることが憂慮される。ついては車夫の管理を強化するため組合を作って同業者の結束をはかりたいと申請した。しかし、それは産業振興を目的とする同業組合とはちょっと違うというのが東京府の意見である。

荷物運送を商売として請け負う業者と、荷車の曳き手である車夫は、異なる社会層であるという認識が雇う側にあったことがわかる。

請負業者と車夫階層

そこで次に、業者たちは四月二八日に再申請した[19]。こんどは一七四名の大所帯で、名称は「荷車営業組合」である。またも同業組合として認めるには不都合があるということで、東京府は申請を却下し、再考が必要な箇所を指示してきた。「口論案」という指示文書には次のように記されている[20]。

産業振興の目的から育成すべき業者は、運送量の拡大に対応できる請負業者で、具体的には車夫を複数雇用し、大量運送が可能な業者である。単独で自営の車夫や、牛馬を使う車夫は零細なので組合員に含めるのは適当ではない、というのが口論の趣旨であった。車夫を雇用する業者と、仕事をもらって自分の荷車で運ぶ自営の車夫は異なると行政側は述べている。また、鉄道輸送量の増大が予想されるという。

荷車、即チ陸上運輸業ハ、将来鉄道ノ便益開クルニ従ヒ、沿道ノ物産皆此便ニ拠リテ、府下ニ運送スルトキハ、本業ノ頻繁ヲ極ルハ必然ニシテ、該営業上ノ矯弊改良ヲ図ルト否トハ、物産運輸ノ便否利害ニ関スル大ナルモノニテ、則農商務省内訓ニ、所謂重要物産ノ改良繁殖ニ関係アル営業ト認ルニ拠ルモノナリ。

短距離陸運の需要増加は「必然」で、いまのうちに弊風を正し、物流に支障が出ないように備えなければならないという見解で、東京府農商課は担い手層の育成が課題であると認識していたことがわかる。

このような指導を経て、明治二一年（一八八八）六月八日に三回目の申請案が提出された。市内一五区の「輓夫ヲ傭役シ、荷車ヲ以テ貨物運搬請負ヲ為ス営業者」の組合とし、名称は「東京荷車運輸請負業組合」である。車夫の実態について次のように率直に綴られている。

此輓夫ナルモノハ、多クハ最下等ノ人種ニシテ、或ハ重軽罪ノ所刑ヲ受ケシモノアリ、或ハ賭博犯ノ罰ヲ蒙リシ者アリ、或ハ住所氏名ヲ詐称スルモノ等アリテ、到底之レカ取締ノ方法、無之《これなく》候テハ、啻《ただ》ニ営業上ノ不便ノミナラス、大ニ他ノ信用如何ニ関シ、業務ノ盛衰実ニ此一点ニ集ルモノト云フテ可ナルカ如キ重要ノ条件ニ有之《これあり》

個々の車夫にはそれぞれの事情があっただろうが、雇う側から総体的に車夫層に対し厳しい差別、蔑視があったといえる。申請から四日後に「東京荷車運輸請負業組合」設立が認可された(21)。

荷車運送の関係アクター

以上の経過から、荷車運送に関して三種類の社会層があったことがわかる。上位は「業者層」で、

表７　荷車運輸請負業者（組合員）の地域分布（明治21年6月）

区名	業者数	区名	業者数
神田区	37	本所区	7
浅草区	17	芝区	6
四谷区	17	日本橋区	6
麹町区	17	京橋区	4
下谷区	12	麻布区	3
赤坂区	11	牛込区	3
小石川区	10	深川区	1
本郷区	9		
		合計	160

出典：東京都公文書館所蔵資料「願伺届録：荷車運輸請負業組合」明治21年（617-A4-12）より，武田作成．
※組合員署名の筆頭が「樋口嶋太郎，下谷区長者町壱丁目６番地」

複数の荷車を所有して請負業を営み、複数の車夫を雇用する。その下が「自営層」で、自分の荷車で運搬する超零細である。さらに下位が「車夫層」で、雇われ車夫は「最下等」とまで言われた。

組合規約に署名した「業者層」は一六〇名で、市内の分布を示したのが表7である。神田川流域の神田区、四谷区、麹町区に多い。この当時、水運からの陸揚げ貨物による短距離輸送の需要が大きかったことが反映されている。

業者層は車夫層を管理するため、鑑札をもたせるようにした。不良の輩を雇い入れず、業界の評判を落とさないようにするため、組合規約に遵守項目を次のように記載した。

第十二条　組合員ニ於テ傭役スル輓夫ハ性質純良篤実ナル者ヲ撰ヒ、決シテ不良ノ行為アリタル者ヲ雇使スヘカラス。且《かつ》其傭役中ハ、左ノ件々ヲ守ラシム可シ。但、管業上被傭者ノ所為ハ傭主其責ニ任スルモノトス。

一、荷積ノ際ハ能《よ》ク其員数及損否ヲ検シ、且其物品ノ強弱ヲ区別シテ毀損ノ憂ナキ様、専注意スヘシ。
一、総《すべ》テ貨物ハ鄭重ニ取扱フヘキハ勿論、共同物揚場、其地雑踏ノ場所ニ於テハ、殊更ニ用意シ、行人及荷物ヲ損傷セシメサルヲ要スヘシ。
一、運輸貨物ハ最モ速達ヲ要スルニ付、途中ニ於テ徒ニ時間ヲ消費ス可ラス。
一、貨物運輸中ハ決テ粗暴ノ挙動ヲ為ス可ラス。
一、右ノ外運輸上傭主又ハ荷主ヨリ命令シタル件々ハ確《かた》ク遵守スヘシ。

荷物を丁寧に扱う、敏速に配達する、粗暴な言動は慎む等、当たり前のことが列挙されているところに、そうでない輩がいかに多かったかが推し測られる。

一葉の父と組合

組合員規約に署名した一六〇名の組合員の筆頭に「樋口嶋太郎、下谷区長者町壱丁目六番地」と記されている。この業者について詳細は不明だが、筆頭署名なので有力者だったのだろう。「東京荷車運輸請負業組合」の事務を取扱うようになったのが樋口一葉の父・則義で、樋口嶋太郎の縁故によると推測される。

組合は六月に認可されて、八月一日に選出された役員を東京府に届け出た。頭取は田辺又兵衛という人物であった。樋口一家は明治二一年（一八八八）九月九日に神田表神保町二番地に引越し、父・

則義はここから神田錦町の組合に通った。一〇月三〇日付で、樋口則義が頭取・田辺の代理で東京府に提出した文書が残っている。[22]

父の樋口則義は甲斐国山梨郡（現在の山梨県塩山市）の出身で、明治九年までは東京府の官吏であった。一葉（本名・奈津）は第四子として明治五年に東京府構内長屋つまり官舎で生まれている。父は明治一〇年に警視局に職を得たが、二〇年に退職した。警視局を辞めてから、組合の事務方を務めるようになるまでのいきさつは明らかではない。組合の運営は順調とはいえず、父は明治二二年七月一二日に病没した。

一葉は一二歳のとき、女子に学問は不要という母の意見に従って小学校を退校したが、「父君はしかるべからず[23]」と一葉の才能を惜しんで和歌の修練を続けることができるように取りはからってくれた。[24]文学の道を開いてくれた父が逝き、生計に苦慮した一家は芝区の仮住まいを経て、本郷菊坂町に移った。樋口一家の変転から、はからずも東京荷車運輸請負業組合が短命におわったことが知れるのである。

近代東京と水運

3　運送屋の小僧修行

請負業者の集団とは異なる通運業者が「運送屋」である。その上位には「運送問屋」があった。運送屋で「小僧修行」をした談話に基づくと、「運送問屋」のトップで業界に君臨していたのは内国通運会社である。

話者は小林長吉という[25]。明治二五年（一八九二）に東京に生まれ、三二年に小学校に入学したが、月謝二〇銭を学校に納めることになっており、それを稼ぐため「小僧」をやった。学校が終わって、午後二時頃から父が帳場番頭をやっている回漕店（運送屋）へ行って手伝ったのである。

父はもともと神田川沿いの米穀問屋で番頭をしていたが、日本橋区浜町の中州河岸にあった回漕店に移った。水運に縁が深い職業を歩んでいる。回漕店というのは舟運の荷物の取次店である。荷主から荷物を回収し、積載する船を手配し、送り出す。自分で船を所有しているわけではないので、あらかじめ引き受ける予定の貨物量を見込んで、船に積載スペースを確保し、発送が円滑にいくように取りはからう。船を所有しているのは「運送問屋」で、「運送屋」より上位にある。「運送問屋」は大手通運業者で、「運送屋」は小規模の業者である。明治二二年の「中外物価新報」は東京に二二の運送会社があると報じていたが、これは大手の「運送問屋」のことであろう[26]（第二章参照）。

中州や鉄砲洲の河岸には回漕業者が多く集積し、内国通運会社の運送船「通運丸」も中州河岸から発着していた。小林少年の目に内国通運は運送問屋というよりも、お役所のようにみえた。小僧としてよくお使いに行ったので、各店の内部事情に詳しい。

回漕店は荷主から預かった荷物の発送が済むと、荷主に連絡した。小僧が夕方五時頃に書類を持参するのだが、持っていくと大商店ではお菓子をくれたり、駄賃を一～二銭くれたりした。「ことに三勝染本舗の天野半七商店へ行くと、筈見さんという支配人が必ず二銭をくれるので、子ども心にそれをいただくのを楽しみに、第一番に持参したものである。いま思うとちょっとでも早く届けさせるためであったらしい」。荷主は発送が滞りなく済んだか気にしているもので、運送屋は荷主との信用を維持することが肝腎だった。荷物を丁寧に取り扱うことは言うまでもない。

小規模の運送店の帳場番頭だった父の月給は七円前後、勤務時間は朝七時～夜八時、休暇は盆、正月のみである。服装は長印半天であったから、現場作業着を着用していた。小僧も印半天で、素足にわら草履、一日に五銭もらった。運送店に馬車はなく、荷車が運搬手段である。車夫の日給は二五～三〇銭程度で、番頭が毎日現金で渡していた。芝区にあった運送店は明治二四年（一八九一）に四六輌の荷車を所有していた。ある日いきなり三〇輌が消えたので、驚いて警察へ盗難届けを出した(27)。

水運から鉄道貨物へ

小林少年は水運から鉄道貨物に移行する時期を経験した。明治三六年（一九〇三）に小学校を卒業すると新橋駅近くの「開送組」という運送屋で働きはじめた。新橋駅の脇には内国通運会社の新橋支店のほか、京三運輸株式会社東京支店、明治運送株式会社計算部、天竜運輸会社など会社組織の形態の運送問屋が店舗を構えていた（図33）。会社形態ではあるが管理職は「番頭」制で、複数の番頭がいた。上級の番頭の月給は一五円程度で、羽織、足袋、本草履ばきで外交なども担当した。下級の番頭は月給八円程度で、羽織はつけず、前掛けに足袋だった。現場勤務には庫方《くらかた》、荷捌《にさば》きなどがあり、

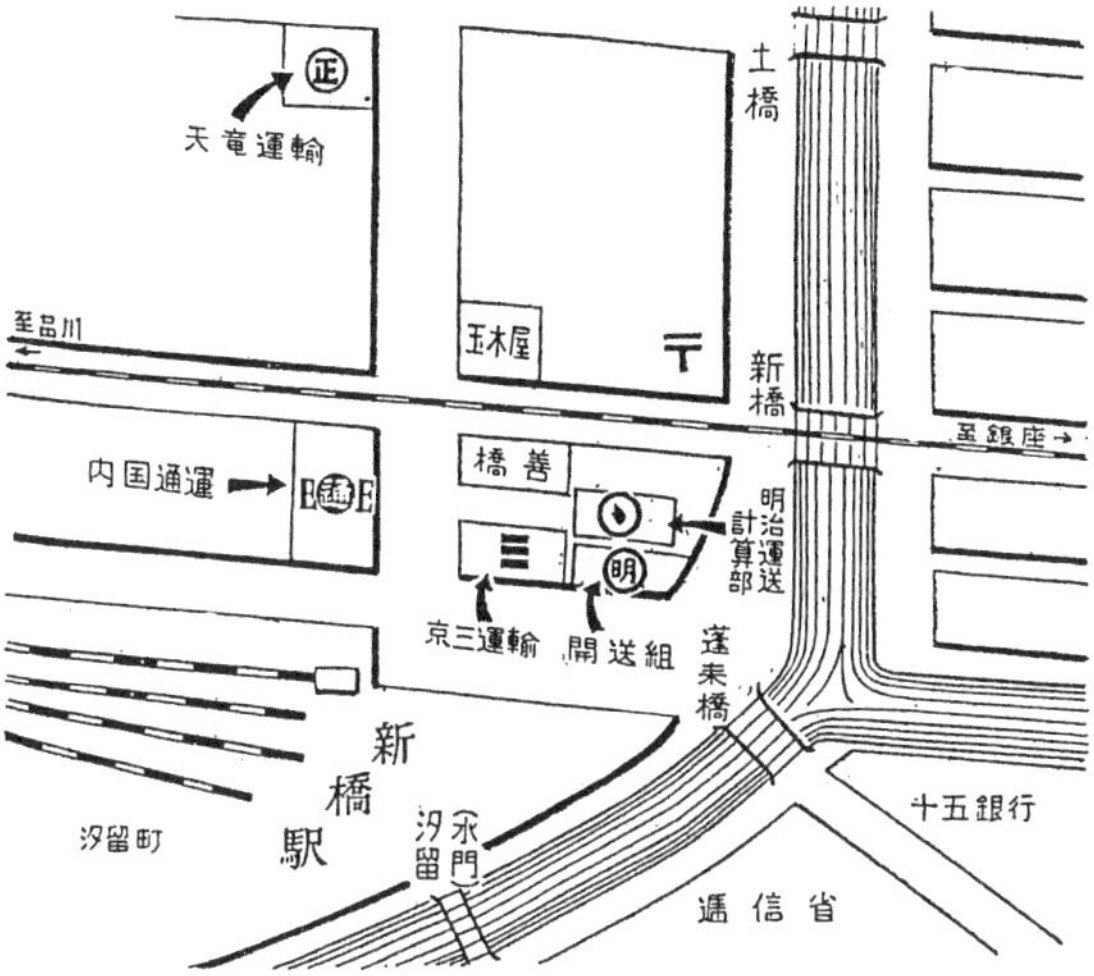

図33　新橋駅周辺の運送業者の集積　出典：［小林談 1959, 13頁］

印半天に地下足袋で、人夫たちを監督した。小林少年は新米で給与は日給一〇銭だったというから小僧時代の二倍に過ぎない。印半天に、素足、わら草履は小僧時代と同じである。毎日、弁当用の柳行李《やなぎこうり》にご飯、梅干し、漬物をつめて木綿の風呂敷に包んで背中に背負い、朝六時に日本橋区高砂町の自宅を出て、土洲橋を渡り、築地居留地を通り抜け、てくてくと通勤した。七時ごろに店に着くとランプ掃除、店の掃除に取りかかった。

　このように小林少年は東京中心部における水運（回漕店）と陸運（鉄道貨物取扱）の両方の仕事を末端から経験した貴重な証言者である。日本の鉄道貨物の輸送量は明治三〇年代に飛躍的に伸びた

表８　全国の鉄道貨物量の増加

	鉄道営業キロ（km）		貨　車　数		貨物輸送トン数（千トン）
	官　鉄	私　鉄	官　鉄	私　鉄	
明治 25（1892）	984	2,124	1,746	2,819	2,717
30（1897）	1,163	3,680	2,877	8,541	7,780
35（1902）	2,072	4,843	5,292	15,861	16,210
40（1907）	7,153	—	32,242	—	25,913

出典：［増田 2009，56 頁］を一部修正.
※明治 39 年，鉄道国有法公布.

表９　東京市内の主要貨物駅

貨 物 駅	沿　　革	水 運 と の 接 続
汐 留 駅	明治６年９月 15 日に，新橋駅として貨取扱開始.	新橋川の汐留河岸に接続.
秋葉原駅	明治 23 年開業.	神田川の佐久間河岸に接続，明治 26 年に駅から直接神田川に通じる堀割を開削.
錦糸町駅	明治 27 年開業.	大横川の錦糸堀に接続.
隅田川駅	明治 29 年開業．東北・常磐からの鉄道貨物．貨物積卸場，石炭積卸場，倉庫，起重機.	隅田川，船溜り設置，明治 31 年船溜り増設.

出典：［岡島 1989，12 頁］より，武田作成.

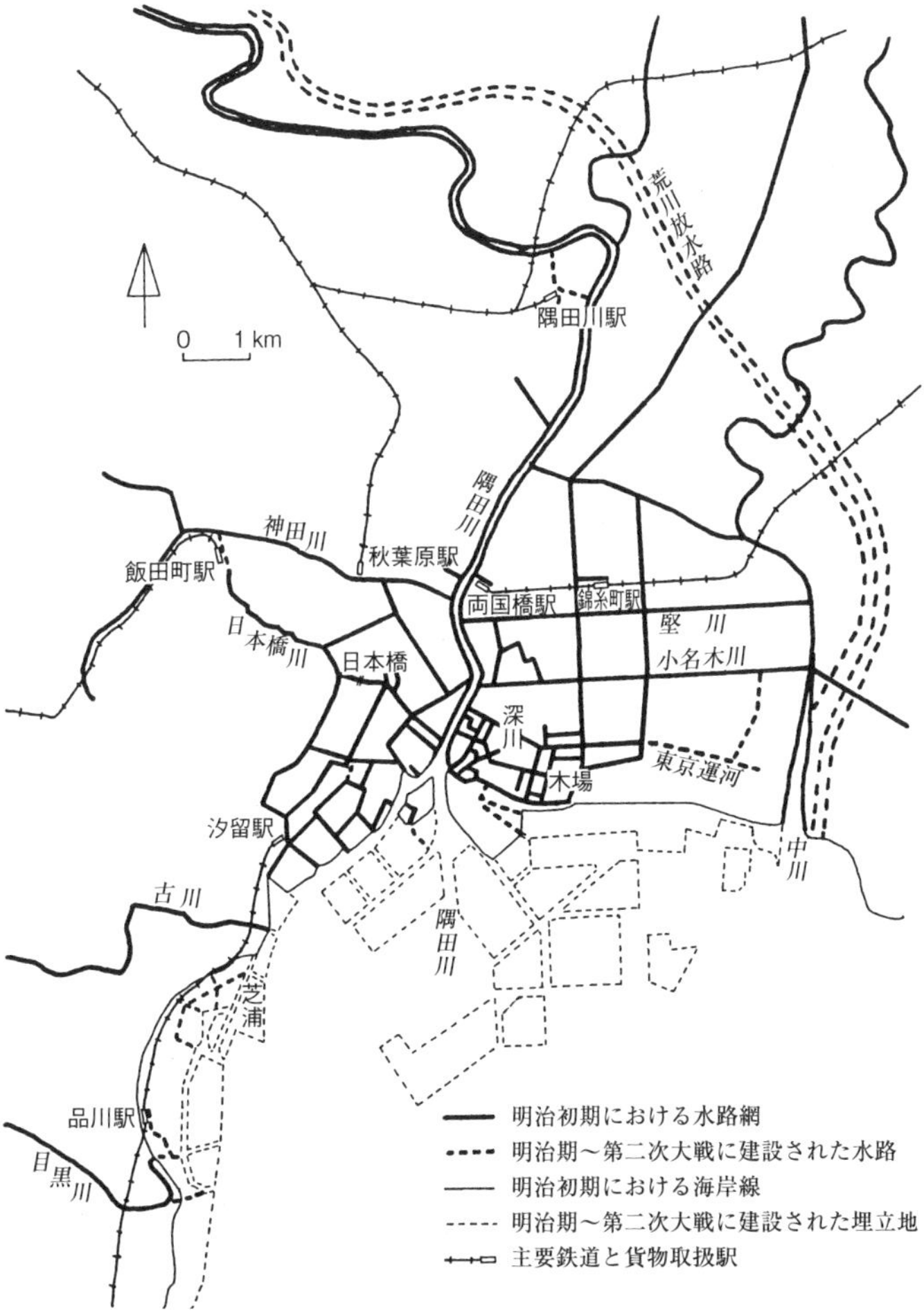

図 34　東京市内の主要貨物駅　出典：[岡島 1989，4 頁]

図 35　運送業界の関係アクター（明治 20〜30 年代）

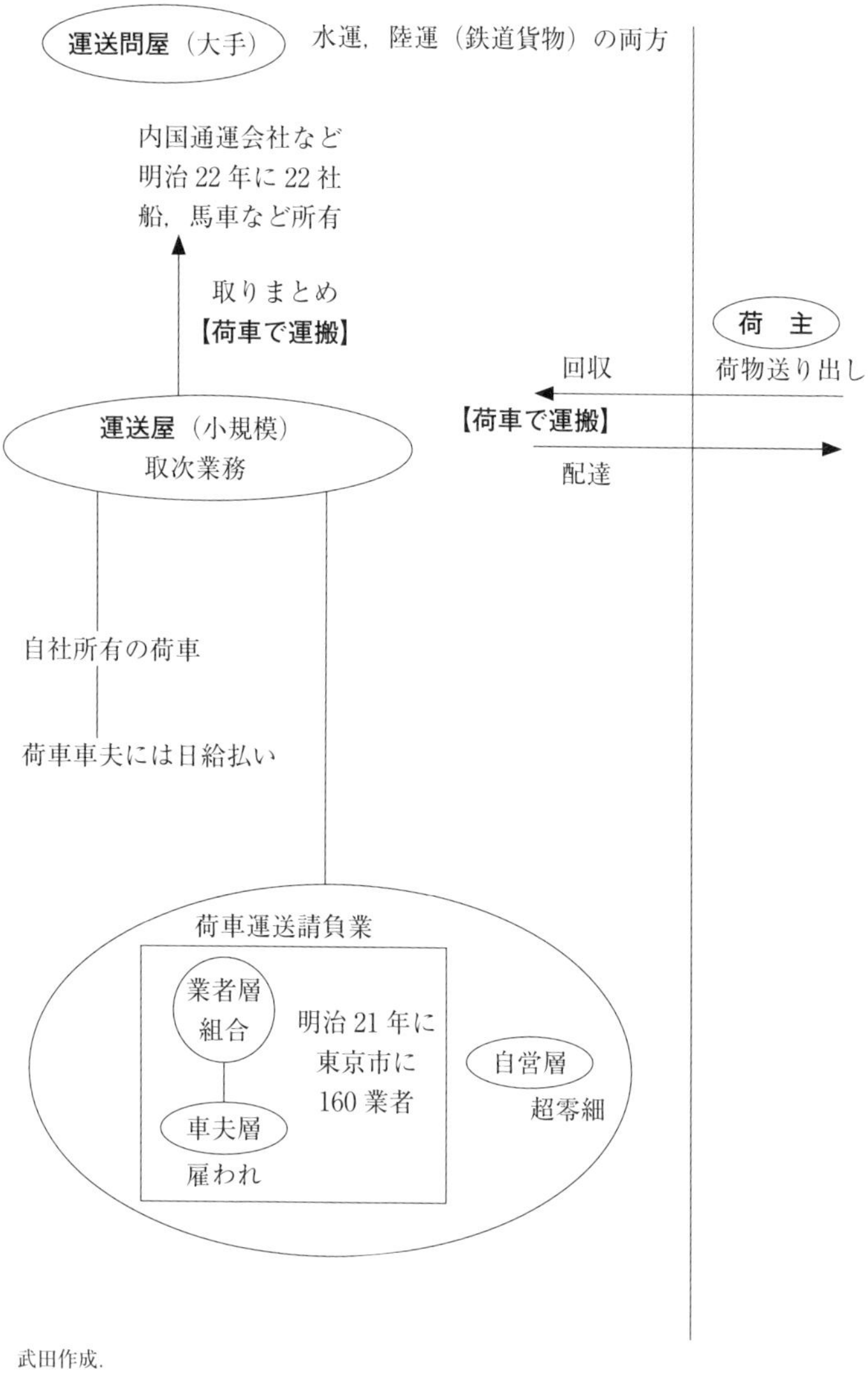

武田作成.

（表8）。東京市においても鉄道貨物を搬入する貨物駅が明治二〇年代に新設され（表9、図34）、秋葉原駅、錦糸町駅、隅田川駅のいずれも東京市内の河川水運と接続するように設計された。鉄道貨物量の増大に即して、さらに船溜りを増設したり、堀割を開削している。

以上のように明治一〇年代から東京市においては市区計画審査会でも物流経路を整えることは課題の一つとして認識されていた。とくに商工会代表の益田孝、渋沢栄一は鉄道貨物の増加を見込んだ物流基盤の整備を主張した。実際に二〇年代に貨物駅の整備が進み、三〇年代に東京市に搬入される物資は増加した。このような変化に即して、運送業界の規模は拡大した。会社組織の運送会社が成長すると同時に、荷車運送を請け負う業者層への需要も増えたのである。そのような運送業に関わる関係アクターを整理すると図35のようになる。このように拡大する運送業界において課題だったのは、荷物を運搬する現場労働者すなわち荷役労働者の質であった。

第五章　路傍の「立ちん坊」

1　横山源之助がみた荷役労働者

「車力人足」と「立ちん坊」

明治三〇年代はじめの東京市内における荷役労働者の実情を詳述したのが横山源之助である。明治三一年（一八九八）刊行の『日本の下層社会』のなかで「日稼人足」を取り上げ、六種類に分類している(1)（表10）。日雇いの肉体労働者の六分類には運送に関わる荷役労働者のほか、建設・建築、工場下働きの労働者も含まれている。

運送に関わる人足は「車力人足」と「立ちん坊」である。「車力人足」とは「荷車」の車夫のことで、日稼人足のなかで最も身体強健を要するが、賃金は良いと横山は述べる。「車力人足」として安定した形態で賃金を稼ぐ「常傭人夫」タイプと、深川の米穀運送に従事している「深川仲仕人足」について説明している。

「常傭人夫」は自分で荷車を所有している者と、親方に借りている者に分けられる。荷物の運送費は日本橋―万世橋間で七〇貫分の荷物を運ぶと一二銭である。一日に六～七回運ぶので、一日に七二～八四銭になる。荷車所有の車夫はすべて自分の儲けになるが、賃貸の車夫は儲けの二割～二割五分を道具代として親方に支払う。平均すると「車力人足」はおおよそ日に五〇銭程度稼ぐ。運送品目は神田区・芝区・浅草区では煉瓦・材木・薪が多い。明治三一年一月に神田区の神田錦町・美土代《みとしろ》町では、親方たちの間で組合結成の動きがあり、三井銀行に預金したという。

深川には仲仕人足が結束してつくる三業組合という名の組織がある。深川で米穀の運搬に従事する仲仕人足は人足請負頭を通して全員これに加入し、総数は千名を超える。他所から仕事師が流れ込むことを阻止し、賃銀水準を維持するために組合が結成された。すなわち組合は米商会所、廻米問屋に対して

表10　横山源之助による日稼人足の6区分

日稼人足	詳　細
道路人足	道路・橋梁工事に従事する日稼人足，36銭
土方人足	親方がいて土木工事を請け負う組に所属する人足，10～12銭（食事は親方もち）
工場人足	工場に直接雇用される，または親方を通して請け負う日稼人足，34銭前後
手伝人足	石工・左官・大工などの下仕事，石工手伝50銭・左官手伝45銭・大工手伝33銭
車力人足	荷車を運送する車力，平均50銭
立ちん坊	車力の下に附属する一種の人足，一定し難し，あるいは10銭，ときに20銭

出典：［横山1899＝1949，33-40頁］より，武田作成．
※横山はこの箇所が記載されている「第1編　東京貧民の状態」に関する調査期間は，明治31年（1898）2月と記している．

賃銀割（表11）を遵守するように圧力をかける。組合の団結は強固で、規定を違反した者には厳重な制裁で対処し、仲間はずれにして交際を絶つ。明治二九年（一八九六）に物価が上昇した際には賃銀増額を廻米問屋に交渉し、同盟休業を計画したところ、すぐに仲裁が入って妥結した。組合が二～三日同盟休業したならば、東京の米は品不足となり、市民の食事に影響が出ると思われる。

以上のように横山は述べており、神田錦町では明治三〇年代に荷車請負業の親方たちに組合結成の気運がふたたびあったことを知ることができる。また、深川の仲仕人足は重い米俵の運搬を担い、米の流通上不可欠の存在になっていた。深川で米や材木の運搬を担う人足たちは俗に「かわなみ」と呼ばれていたという(2)。このように重量物の運搬という特殊労働に従事する人々は多人数結束することによって社会的影響力を持ち、賃金交渉力を有していた。

その日暮らしの「立ちん坊」

社会的実力がある荷役労働者がいる一方で、最末端にいるのが「立ちん坊」である。荷車を後から押して小金をもらうのだが、横山は立ちん坊について次のように記す(3)。

日稼人足中最も劣等にして、常に車力人足に附属する惰民あり、立ちん坊これなり。湯島・九段の坂下、あるいは新橋・日本橋の辺、手を懐にして車力の来るを俟ち、その依頼に応じて十町二十町車の後に附し、力を合せ若干の金を得て一日（むしろ一時）を暮らす。いかなる窮民といえ

表 11　米穀取扱人夫賃銀表（百俵につき）明治 31 年

		三斗以上俵入（銭）		六斗以上俵入（銭）	
		普通賃銀	臨時増賃	普通賃銀	臨時増賃
小揚賃	水揚賃	30	6	50	5
	払渡賃				
	市中精米賃	18	3	30	3
	仕分賃	18	3	―	―
雇人夫賃	蔵入および掛方賃	25	5	50	5
	市中受取賃	20	4		
	掛方賃	15	3		
	仕方賃	18	3		
	蔵引賃	40	8		
	受渡賃	20	2		
	買掛手伝賃			20	2
	蔵出積込賃	50	5		
	積込賃	30	6		
水揚賃	大俵舁賃とも	43	5		
	中俵舁賃とも	40	5		
	小俵舁賃とも ただし舁船持の分は 2 割引	36	5		
	外国米大俵舁賃とも			60	5
艀賃	大俵ならびに大叺入	1円30銭	25		
	中俵	1円15銭	23		
	小俵	1円	20		
	大俵			1円85銭	15

出典：［横山 1899＝1949，38-39 頁］

ども、身体を胖《ゆる》うする家屋あり、しかれども立ちん坊には家屋なし。冬は小梅業平町もしくは浅草町の木賃宿に泊るもあれども、暑中はかえって蚊の煩少なしと称して上野公園、九段、あるいは浅草公園休憩椅子の上、巡査の来り咎むる不安の下に眠を取り、その日その日の生命を貪りゆくのみ。乞食と共に一種のイクジナシなり。

横山は、「立ちん坊」を評して、転落に甘んじて一時しのぎを繰り返し、労働意欲が欠如した「惰民」と手厳しい。しかしながら、「立ちん坊」なりの言い分があり、そのような行動を選んでいることを述べている。

かれらと交り言うところを聞けば、曰《いは》く、己《おら》ァ常傭のような馬鹿な事はしねいと。いずれが馬鹿なりやはここに言うを要せざれども、かれらは一日の衣食、むしろ数十分後に迫る糊口に差し閊《つか》へおる身を以てなお労働を厭い、陽光を背に受け虱をいじりながら日を送るを智となすがごとし。されぱかれらにして時に常傭に出づることあるも、二時間以上労働を忍ぶものなく、自ら退きて一日を空過しおわる。すでに懶惰《らんだ》に身をくずし労働に堪ゆる能《あた》わざるなり。

「立ちん坊」になる前の経歴はどのようなものかというと、

かつて立派に店を供えたりし商人、あるいは良き腕持てる職人などあり。しかも多くは放蕩の経歴を備え、黴毒に感染し居らざるは少なし。あるいは境遇の激変に遇い、堕落してこの群に入りたるもあり。

容赦のない書き方ではあるが、「立ちん坊」を「日稼人足」の一つのタイプとして位置づけ、書物に記した横山の社会的センスはさすがと言うべきであろう。蔑視を受けがちな周縁的存在は同時代人たちの目にふれていても、文字に記されることは少ない。横山の記述は数少ない言及の一つである。

荷車の数が増え、積載量が増加傾向にあった現実において、後押し用の人員を必要な時に得ることは車夫にとって大変切実な問題だったはずだ。蔑まれながらも、運送上不可欠の存在だったといえる。「立ちん坊」に関する記述は多いといえないが、都市雑業層の一つのタイプだった人々の痕跡をさらにたどってみることにしよう。

都市の下層労働者と木賃宿

横山の執筆時（明治三一年）、東京では「立ちん坊」の語が「路傍に立って荷車運送の補助で金を得る人」の意味で広く使われていたことになる。しかし、「立ちん坊」の実態の理解については各人の見聞の範囲に応じて、多少の差異があったようである。

横山は立ちん坊には住居（家屋）がなく、木賃宿《きちんやど》に宿泊したり、路上で眠ることもあるという。横山は木賃宿についても詳述しており、木賃宿の免許地は限定されており、そこに貧民が集積していると指摘する。すなわち、木賃宿は芝区、赤坂区、浅草区、本所区、本郷区、深川区、下谷区に多く、「宿泊者は日稼人足が最も多く、次に人力車夫、車力、立ちん坊」であるという。(4)

表 12　木賃宿の営業指定地

区・郡	町　名
芝　区	白金猿町
麻布区	麻布広尾町
赤坂区	青山北町 5 丁目
四谷区	永住町
本郷区	上富士前町
下谷区	初音町，通新町
浅草区	浅草町
本所区	小梅業平町，花町
深川区	富川町 27～37 番地，東大工町 14～29 番地，霊岸町 126～149 番地
荏原郡	二日五日市村，世田谷村
東多摩郡	下高井戸村，中野村上宿
南豊島郡	東大久保村 197～300 番地，南町
北豊島郡	高田千登世町，下板橋宿上宿坂ノ上，下練馬村中宿
南足立郡	千住 1～4 丁目飛地，保木間村
南葛飾郡	伊豫田村，小松川村

出典：警察令第 16 号「宿屋営業取締規則」明治 20 年 10 月 13 日公布より，武田作成.

東京府では明治二〇年（一八八七）一〇月一三日に警察令第一六号「宿屋営業取締規則」が公布され、「旅人宿」「下宿」と区別して、「木賃宿」が定義された。「賄《まかない》を為さず、木賃其他の諸費を受けて人を宿泊せしむる」宿泊所で、営業可能な区域は表12の通りである。規則公布後一五日以内に既存の営業者は出願し直す必要があり、指定区域外に立地している木賃宿は三年以内に指定区域に移転するように定められていた（警察令第一七号）。

表12に基づくと、木賃宿の営業指定地は九区六郡の二六地域である。都心部の日本橋区、京橋区、神田区、麹町区は指定からはずされている。これについては横山は、特にある場処を限りて木賃宿免許地と

定め、市中に見えたる幾多の木賃宿を駆りて、これに宿泊せる百数千の力役者と共に、その労働市場たる神田日本橋を遠く隔てたる市の場末に放逐せり。

と、神田や日本橋をはずしたのは、貧民の集中を分散させようという行政的意図があったと指摘する。[5]同じように新聞紙上でも、「其の昔ハ神田橋本町に一団をなし、今ハ各所の木賃宿に泊まり居れる立ちん坊」と記され、[6]以前は神田川周辺に多くいた立ちん坊が、木賃宿分散によって市内各地に居所が散ったことが報じられている。明治二五年（一八九二）に本所区、深川区の木賃宿は一泊四銭五厘だった。[7]立ちん坊が一日に得る日銭は一〇～二〇銭程度だったというから、[8]日に何回か後押しをすれば木賃宿に泊まることは可能だったようである。

以上のように木賃宿は低廉な費用で三～四年の長期宿泊が可能な「簡易なる一種の家屋」[9]で、住居を持てない都市下層の仮住まいの機能をはたしていた。現代の簡易宿泊所と同様に「立ちん坊」は「木賃宿」を拠り所の一つにしていたようである。「宿屋営業取締規則」が公布された翌年の東京府内の木賃宿利用者数は五二万二二八三名で月割にすると四万三五二三名である。[10]

木賃宿の悶着

横山によれば明治三一年（一八九八）の東京市中の木賃宿は一四五で本所区、浅草区に多い。明治四四年の内務省社会局の統計では、東京市内の木賃宿は三〇七で、とくに深川区富川町に約三分の一

表13　木賃宿数

	木賃宿数（明治31）※出典1	木賃宿数（明治44）※出典2
芝　区	3	2
麻布区		19
赤坂区	3	
四谷区	16	27
本郷区	3	3
下谷区		
浅草区	31	2
本所区	78	花町73，小梅業平町62
深川区	11	富川町96，東大工町5
合　計	145	307

出典1：［横山1899=1949，62-63頁］
2：内務省社会局編『細民調査統計表』「木賃宿戸別調」，明治44.

近い九六軒が集積していた（表13）。木賃宿には車夫や人足など多様な雑業層が集まり、明治三〇年代後半〜四〇年代には富川町の木賃宿で起きた悶着が新聞をにぎわしている。

明治三六年二月、富川町の木賃宿、岩槻屋に泊まっていた人足・浅岡徳蔵（四六歳）と車夫・栗原兼次郎（四三歳）は連れ立って外で一杯飲んだ。ご機嫌で宿へ戻る途中、愚にもつかない些細なことで喧嘩をはじめ、兼次郎は下駄で徳蔵を殴打しまくり、警官が出動するような騒ぎになってしまった(11)。明治四四年の六月には、富川町の木賃宿、伏見屋に泊まっていた南葛飾郡出身の人足と長野県上高井郡出身の人足が手間賃のことで口論に発展し、これも負傷沙汰になってしまった(12)。

このような揉め事の記録を通して、東京市内の木賃宿に東京郡部や地方から人々が流れ込み、都市雑業層として生きていた姿が浮かびあがってくる。ちなみに横山は人力車夫にも「おかかえ」「やど」「ばん」「もうろう」の四つの区別があることを述べている。「おかかえ」は人力車の専用車夫として個人宅などで雇われて職住が保障されている者、「やど」は部屋住み車夫、「ばん」は人力車のたまり場で客待ちできるように加入金を支払って車夫の株仲間に入っている者である。大多数を占める「もうろう」は人力車を借り、「ばん」には加入しておらず、貧民窟に住んでいる(13)。貧民窟すなわち細民地区や木賃宿街が「もうろう」や「立ちん坊」の受け皿になっていたといえよう。

2「立ちん坊」がいる場所

都心の市場周辺

立ちん坊の姿をみかける場所の一つが都心の市場周辺である。日本橋魚河岸あたりの立ちん坊について次のように記されている(14)。

立ちん坊と唱える一種の人夫、日々無手《むて》にて日本橋の魚河岸、又ハ各所の青物市場へ出で、荷車の跡押《あとおし》を渡世《とせい》として僅かに五六銭の手間賃を貰ひ、かすかに露命を繋ぎ居たる（後略）

生鮮品の取引量が多い市場では、荷車の後押しで分け前に預かる立ちん坊が多かったらしい。魚河岸周辺では、警察による立ちん坊の取締りが行われることがあり、「立ン坊狩り」と称されている(15)。

日本橋魚河岸辺《あたり》ハ、近来無頼徒《ちかごろぶらいのと》多く徘徊するに付《つき》、同警察署ハ、一昨日刑事巡査総掛りにて、同区伊勢町砂糖岸、乃至《ないし》、魚河岸納屋裏等に於て、同日一時より四時の間に、三十二名の立ン坊を取り押さへたる内、（中略）二十八名ハ、目下取調中。

無頼の徒と立ちん坊が同じわけではないが、警察が魚河岸に立ち並ぶ倉庫の裏通りで手入れを行ったところ、実際に余罪がある輩が捕まった。立ちん坊は無法者と同じように見られがちだったことがわかる。

日本橋の魚河岸へ魚を納めるには、船で魚河岸に水揚げする方法と、荷車で運び込む場合があり、陸送では立ちん坊に後押しを頼むことがあった。東海道沿いの木賃宿営業地に品川の二日五日市（現・南品川）があり、明治三二年（一八九九）のこと、浅草の住所不定の連中がここの木賃宿の亀屋と遠州屋に長逗留し、街道沿いの牛めし屋の前で毎日立ちん坊をしていた。一月二日の朝、大森から日本橋まで魚を運びたいと、大森の漁業関係者が荷車の後押しを三人探しに来た。そこに五人の立ちん坊がいたのでくじを作り、当たった三人が行ってしまった。残った二人は昼一二時を過ぎてもこの日は仕事がなく、くじの作り方が悪いと大げんかを始めて刃傷沙汰を起こした(16)。

日本橋の魚河岸は当時、数町にまたがって問屋、仲買が軒先を連ねており、江戸橋の脇に共同の「荷捌所《にさばきじょ》」があった。納品された水産物はここで仕分けられて、各問屋に雇われている「小揚《こあげ》」が運び出していった。朝三時にこの仕事が始まり、問屋の生け簀に魚が運び入れられた。買い出し人が買い付けると、それを指定の潮待茶屋に運び届けたのが「軽子《かるこ》」である。「軽子」も各問屋に所属している。小揚は運んだ樽数・箱数に応じた歩合給で、軽子は月給だったという。潮待茶屋は買い出し人の買荷保管所のことで、魚河岸の路地裏にたくさん並んでいた。買い出し人はここで買い集めた荷を整え、運び出す準備をする。軽子は買い出し人の若い衆と協力して、大八車に積み込み作業をした。(17)

大八車に合理的、能率的にキチンと載せ、麻ヒモでガッチリと不動のものにする。大八車の梶をとる若い衆と、押してゆく若い衆の三人か四人の突進してゆく元気のよい掛け声は、いかにも魚河岸の朝の空気をふるわせて活力に満ちていた。しかし、この仕事は大変な重労働だったと思われる。（中略）半股引、半天、草鞋か地下足袋の軽快な服装で、掛け声も勇ましく、茶屋のおかみさんのお礼の言葉を背に聞いて、自分の店へ「よいしょよいしょ」と一休みもしない。（中略）同方向へ走る大八車は自然と競争になったらしく、又その積んだ魚の量で、その店の繁盛ぶりがわかる。


このように繁盛する店ほど買荷は増えがちだった。なまものを運ぶ速度は速いに越したことはない。立ちん坊が仕事にありつく可能性も高かったのだろう。

仕入れの後押し

運送関係の荷役労働者を自由労働者という概念で括って、東京市社会局が後年調査を行っている。(18)

それによれば、自由労働者への運送需要が多いのは、深川・日本橋・神田などの倉庫街、魚市場・青物市場周辺、このほか鉄道の停車場や、大工場である。調査に基づいて、表14のように「運搬夫」を一六種類に細別している。「魚河岸軽子」「青物、魚物車力」など市場と縁が深い職種がならび、末端に「車ノ後押」として立ちん坊が挙げられている。東京市内各所に青物市場があり、運搬の手伝をする立ちん坊の姿を見かけると記している。

市場など物流が活発な場所や、そこへの往復の途上に立ちん坊がいる可能性が高かったことがわかる。商業者は物品の仕入れの際に、立ちん坊を頼りにすることが多かったのだろう。明治二六年（一八九三）三月一四日、東京府北多摩郡の砂川村で雑菓子商を営む尾崎喜八は神田区の東龍閑町《ひがしりゅうかん》へ商品の仕入れに行った。砂川村（現・立川市）から神田まで結構な距離がある。青梅街道沿いに内藤新宿まで行き、麹町を通り抜けて神田へ向かう道順を選んだ。仕入れた菓子を入れるために、荷車に菓子の空箱を三〇箱載せて曳いて出た。途中、内藤新宿まで来たところで立ちん坊を頼んだ。内藤新宿は甲州街道と青梅街道が合流し、郊外と市中の境界地点である。このような主要街道の市内と郊外を分ける境目に立ちん坊がいたようである。

内藤新宿二丁目にて、一人の立ちんぼうを雇ひ、荷車を挽かせつつ麹町通りを来掛《きかか》る途中、喜八は知る人に出会って少時《しばし》語らふ間に、彼の立ちんぼうハ、喜八の車を挽いた儘《まま》、逃げ去りたるに、驚き追跡せしも逐ひ付かず。やみやみと荷車及び菓子箱三十個と金八円余、其他衣類雑品を残らずしてやられ、泣く泣く其の筋へ訴え出でたり。

知り合いに会って話し込み、油断した菓子商が荷車ごとすっかり持っていかれてしまった失敗談で

表 14　自由労働者の分類（東京市社会局，大正 11 年 3 月調査）

事業別
土木建築
諸 工 事
荷造運搬 →
園　　芸
衛生掃除
雑　　業

労働種別	労働細別
沖仲仕	積　込 ウインチ巻 一般仲仕
陸仲仕	小揚（水揚） 倉庫仲仕 鉄道仲仕 貨物揚下シ積込
荷　造	男人夫 女人夫
軽　子	荷造手伝 石炭軽子
運搬夫	魚河岸軽子 梁持人夫 大物運搬夫 小物運搬夫 石炭運搬夫 鉄物運搬夫 砂糖運搬夫 一般車力 青物，魚物車力 材木車力 土砂車力 糞尿車力 引越車力 馬　方 牛　方 車ノ後押

出典：東京市社会局，1923，『自由労働者に関する調査』より，武田作成．

ある。[19]

白砂糖を使う上菓子に対して、黒砂糖を原料とした並菓子を総称して雑菓子といい、そのなかでも日持ちがする飴や干菓子は駄菓子とよばれるようになった。明治初年に神田区の東龍閑町に家内工業の手造り生産で作った駄菓子をバラで売る製造屋が数軒できた。そこへ零細な挽売屋、荷受屋が現金払いで仕入れに来たので座売りした。駄菓子の問屋がまだ発達していない頃で、荷受屋は駄菓子を仕入れたのち市中を回って卸売りしたのである。明治一〇年代〜二〇年代にかけて、東龍閑町を中心に並菓子の製造業者がさらに増え、明治二七年（一八九四）にはここに神田掛菓子製造組合が結成された。[20] 砂川村の雑菓子商はこのような雑菓子製造屋の集積地域に向かう途中で、立ちん坊に商売道具一式をまんまと持っていかれてしまったのである。

近世に江戸四宿といわれていたのは、東海道の品川宿、甲州街道の内藤新宿、奥州街道・日光街道の千住宿、中山道の板橋宿である。千住中組にも明治以前から市場があり、東京府の免許を受けて青物市場が開設されていた。さらに千住は木賃宿の営業許可地でもあったから、立ちん坊が集まりやすい土地柄であった。

明治三二年（一八九九）一〇月九日夜八時過ぎ、立ちん坊らしき男が上野から来た汽車に轢かれて死んだ。南千住の木賃宿に泊まりこんで、立ちん坊をしていた二二歳の男で、身寄りを探すと、父は本郷区駒込の寺の境内に住んでいる車夫だった。幼少から素行がわるく、実家を飛び出して千住の木賃宿にもぐり込んでいたのである。(21) 千住の荒川河川敷で行倒れ寸前で助かった立ちん坊もいた。(22) 明治三五年三月八日のこと、

千住中組の河原田圃に四十七八位の立ん坊体の男が倒れ居たりしが、無一物にて食事もせざると見え、飢へ居りて口も聞かれず千住署より一先づ村裏に引き渡して介抱させしと。

田んぼに倒れこんでいた男は夜一一時ころ発見されたが、空腹のあまり口もきけなかった。幸い一命はとりとめたが、その後はどうなったのだろうか。

登り坂の後押し

荷車で立ちん坊の後押しが必要になる時について、東京市社会局は次のように記している。(23)

其他の商店会社及一般市民に於て、車力運搬を要する場合は不断にあり、夏期には飲食物、年末年始には印刷物の運搬事務が特に頻繁を極める。運搬車力の現場としては、坂路、橋梁の袂等に於ける登り坂が労力を特に要し、大抵所謂立坊を頼んで、車の後押しをしてもらふ。尚炎熱の日中や、雨天中の労働及び雨上がりの泥濘路なども困難なる現場である。

坂道などの地形的要因だけでなく、炎天下、雨天などの気候も荷車の曳き手を難渋させる要因になった。そんな時、臨機応変に頼める立ちん坊は重宝な存在だった。しかし、手軽に頼める反面、油断は禁物だった。

明治三六年（一九〇三）八月の暑い午後、湯島天神脇の本郷切通坂を下ったあたりで、パン屋の配達人は立ちん坊を雇った。(24)

小石川区久堅町百八番地の麵麭屋丸山喜太郎雇人、坂入芳蔵（三十七）ハ一昨日午後一時頃、食パンを荷車に積みて、得意先を配達する途中、本郷切通坂下にて、たちん棒を雇ひ、下谷車坂の往来に来たりて、芳蔵が一寸便所に入りたる隙に、其車を挽逃され（車に十一円入りの財布をつけ置きしと）たるが、一昨夕五時頃、車だけは同区上野一丁目より発見したりと。

炎天下で食パンを満載した荷車を曳くのは重労働だったのだろう。一瞬の隙に、食パンと売り上げ金は消えてしまった。このとき、立ちん坊に声をかけたのは、上野の不忍池《しのばずのいけ》のほとりである。大きな池のまわりは、本郷の台地、上野の山である。低地の池へ向かって水が流れ込んでくるのだから、池の周囲には坂が多い。立ちん坊も多かったようである。ある晩も池之端《いけのはた》から下谷車坂へむかう路上に一人倒れていた。(25)

上野三橋附近に年頃五十位の立ン坊体の男が、空俵を冠り、寒気に凍えて、倒れ居たるを同所派出所の巡査が認めて、介抱しつつ、下谷警察署へ連行く途中、遂に死亡せしが、素性分らざるに付、例の通り、仮埋葬に附したりと。

寒風のなか成仏し、行旅死亡人になってしまった。氏素性不明の都市下層と「立ちん坊」はほとんど同義語にように用いられている。

3 「立ちん坊」の生活

立ちん坊の妻

立ちん坊には家も身寄りもない、というわけではない。立派な妻がいる立ちん坊もいた。明治三九年（一九〇六）の新聞記事で立ちん坊の妻が紹介され、「なかなかの貞女、感心なもの」という一文が付されている。立ちん坊の大沢大次郎（六二歳）は、雨の日も風の日も毎日九段坂下にたつ。近くの飯田町中坂にある四ツ木稲荷の境内に住んでいる。三〇歳年が離れた妻・お冬との間に一〇歳を筆頭に六人の子どもがいて、妻は下駄の緒を縫い上げる内職をし、人からの洗濯物も引き受けるまめな女房である。

お冬は夫が立ちん坊で稼いだ「金額を逐一明細に帳簿に記して、其の日、其の日の計算を立てている」。三月の収入は表15の通りだった。収入は九円を越えている。

このほか、妻の内職で月に一円二〇〜三〇銭を得ていた。三畳の部屋に台所がついて家賃は月一円だった。夫が病気になると収入が途絶えることがあり、これまでも鍋釜を売り払ったこともあるという。六人の子どものうち、二人は奉公、一人は養子、一人は孤児院に預けて、口減らしをしている。目下のところ夫婦二人に子ども二人の四人暮らしだが、生活は楽ではない(26)。

表15　立ちん坊・大沢大次郎の収入（明治39年3月1〜24日）

3月	収　入	備　考
1日	54銭5厘	北風
2日	47銭	ウスグモリ
3日	30銭5厘	天気
4日	40銭	北風
5日	34銭	クモリ
6日	84銭	大北風
7日	44銭	大風
8日	33銭	北風
9日	50銭	安井の使
10日	50銭	安井の使
11日	50銭	安井の使
12日	空白	半日天気
13日	31銭	天気
14日	29銭	クモリ
15日	55銭	クモリ
16日	55銭	クモリ
17日	28銭	北風
18日	52銭	天気
19日	50銭	翁屋使
20日	33銭	天気
21日	29銭	天気
22日	35銭	雪少しあり
23日	18銭	午後休み
24日	雨降りにつき休	

※備考にある「天気」は「晴れ」のことだと思われる（武田注）.
出典：読売新聞：明治39年3月28日より，武田作成.

立ちん坊の家族で家計簿をきちんとつけて、見通しを立てた生活を営んでいるのは珍しい例であったことだろう。夫は立ちん坊で五〇銭程度稼ぐ日が多いので、一日に一〇回ぐらい後押しをやったのだろうか。荷車の通行が多い坂道であれば、日銭を毎日得ることは可能だったようである。子どもは長男と生まれたばかりの子どもだけ手元に残し、あとは他所へ片付けているので、最低限度の生活を営んでいる貧困世帯であるといえよう。

立ちん坊の子どもたち

大正一三年（一九二四）の記録になるが、親が立ちん坊をしている子どもたちの生活について新聞記者が東京市の直営小学校で聞き取った記事がある。場所は芝区新網《しんあみ》町の芝浦小学校である。直営小学校とは東京市教育局が所管する特殊小学校のことで、都市下層が集住する細民地区に開校され、特別の予算措置がされていた。大正期に一一校あった(27)。

大正一二年九月に起きた関東大震災の復興事業として東京市社会局は牛乳配給事業に着手し、これと併行して栄養食配給も開始した。大正一三年に都市下層が集住している地域の直営小学校、託児所などで給食を始め、一〇月に記者はその様子を取材に行ったのである。その日、子どもたちが喜んで食べていたのは、主食は七分づきの米食、副食はイワシと馬鈴薯の煮つけである。担当教員は次のように説明した(28)。

生徒の家庭と申しますと、大抵はバラック生活を営んでゐるのです。両親は自由労働者で、其日暮しがやっと立ち行くと云ふ様な家庭で、児童が内に帰れば炊事の労をとってゐると云ふやうな有様です。ですから、家庭教育の行はれやう筈はなく、衛生も栄養も問題ではありません。学校の施設と致しましては、その貧困な家庭に、米券、療券を与へて居ります。彼等労働者は、金を与へますと、浪費するばかりですから、貧困な家庭を調査の上、米屋と連絡をとって米券と米を交換するのです。（中略）彼等は何を考へる事もなく、朝七時から一時間でも二時間でも働いて、食代、飲代が出来るとすぐ働きを止めて帰ります。そして仕事がなければ夜一〇時でも一一時まででも、そこで立ちんぼをしてゐるのであります。

たいていの生徒の両親は自由労働者で、バラックに住み、その日暮らしである。一～二時間働いてわずかなお金ができると、その日は働くのをやめる。仕事がなければ夜の一一時までも仕事を探している。親がそのような毎日なので、学校から帰れば、子どもは自分で炊事する。家庭教育どころではなく、栄養、衛生に配慮するなどとてもおぼつかない。当然、児童は栄養不良状態である。学校では貧困家庭に米券を支給している。現金を与えると浪費してしまうので、米券にしている。米屋に行って、引き替えに米をもらうことができる。以上のような趣旨で、担当教員は子どもたちの家庭状況を説明した。立ちん坊以外の労働に従事している親もいたことだろうが、日雇いともいえないような不定期の仕事でその日暮らしを続ける状況が「立ちんぼ」の語で表現されている。

正直者の立ちん坊

立ちん坊には分が悪い記事が少なくないが、偏見をもたれがちな立ちん坊のなかには正直者もいた(29)。

四谷区南町四十一立坊《たちんぼう》塚本正吉（五十）が、去月同日ダイヤモンド入金指輪、値千三百円を拾ひて、四谷見附署へ届出でたる事は、既に報じたるが、遺失者の麻布区富士見町四十四番地、賀田金次郎の妻光子は大いに喜びて、一昨夜同署へ出張し、右の指輪を受け取り、正吉に金百円の礼金を送りたりと。

路上での落とし物を見つけて、立ちん坊が正直に届け出た。「正直者には福がある」結末になり、新聞読者もほっとしたことであろう。

立ちん坊へのまなざし

立ちん坊に関する記述、記事は、ほぼ明治三〇年代〜大正期に書かれている。東京では物流量が増加し、荷車の後押しの需要が増えたということなのだろうか。都市に中間層が増加しつつあった時期に、人々は路上の下層労働者の姿を日常的に目にしていた。格差の現実を前にこの状況をどのようにとらえるべきか、それぞれの人には迷いや葛藤があったものと思われる。文学的・随想的な作品に心情を吐露した作品もあり、大正一一年（一九二二）の「立ちん坊とわたし」には次のように描写されている（吉田絃二郎、一九二二、『麦の丘』大同館、一二七―一三〇頁）。

七月の朝
電車通りのお宮の前に一人の立ちん坊が、石に腰掛けたまま眠っていた。
私はその前を一冊の本を抱えて通りぬけた。
濁った河の上にはまだ靄がのこっている。
あじさいや小手毬の夢のやうな色が岸の水に揺られている。
太陽が赤錆びた鉄橋の梁とすれすれくらいにぼんやりと雲の間から覗いている。
今日も暑そうだ。

一銭蒸気が五六艘波止場にもやはれたまま、まだ眠りからさめないでいる。

青く塗った窓、赤い煙突、米を洗っている老水夫。

濁った水は思ひ出したやうに橋の杭に打つ突かつては渦巻を作っている。

橋は飽きるほど長い。葦から出て葦に隠れる橋のてすりの鋲をかぞへて通りぬけた少年の影も、しまひには小さな点景になってしまふ。

馬が通る。後から後からと小川のやうに野菜を積んだ荷車が橋を揺りながら走って行く。

一つの荷車を二人の若者が曳く。

後には大抵三人ぐらいの立ちん坊が手伝って押して行く。

七月だといふのにどんつくぬのこのやうなものを着ている立ちん坊もいる。（中略）

さっきのお宮の前に。やっぱりさっきの立ちん坊が、石に腰かけたまま俯向いて眠っていた。朝の太陽がぎらぎらと眠った立ちん坊の全身を射ていた。

お宮の前の立ちん坊は、私がその朝見出したたった一人のなまけ者であった。

私は懐から一冊の本を取り出した。

しかし、もしその時立ちん坊が眼をさましたら、私は再びその本を懐にしまひこんだに違いない。

私はお宮の前の立ちん坊以上のなまけ者であることに気付いていたから。


立ちん坊をとりまく社会的状況の苛酷さに比して、文学的表現で情緒的にとらえる視点は甘いのかもしれない。とはいえ、社会的に無視されることが多かった立ちん坊について書き残した数少ない言及である。

第六章 ……… 軍隊と荷車

1 陸軍と輜重編制

輜重局の設置と教練

明治二七年（一八九四）の日清戦争の開戦直前、東京府は各区・各郡に対して、徴発・徴用可能な荷車、荷馬車、人力車、職工、軍役人夫の調査を行った。このときの調査内容については後述することにし、さきに日清戦争までの陸軍の輜重《しちょう》体制の変遷を概観しておこう。

山県有朋の主導により、陸軍は明治一〇年代末に外征可能な軍備増強へ方向転換していった。これにより陸軍の兵員数は明治一七年（一八八四）の四万六七六七名から、明治二六年に七万八九四名に拡大した。この間、陸軍省は明治一八年三月一四日に輜重局を設置した(1)。軍備拡張に備えることを目的とし、近代軍隊として輸送能力の向上をはかる所管の部局が明確になった。

翌一九年一月には「輜重兵卒・輸卒仮教則」が定められ、輜重兵卒・輸卒として修得必須の術科・学科が明示されている。そのなかには「車輌修覆法」「車輌修覆作業」が入っているが、これはおそらく「徒歩車」すなわち荷車のことであろう。従前より陸軍で使用していた運送用の車輌は荷車である。人力で曳くので「徒歩車」とよばれ、輜重旗をつけて曳いた。明治一三年に名古屋鎮台では輜重兵第三小隊に新たに六三輛の徒歩車輌が配備され、輜重旗の配給も台数分確保するように依頼している。(2)

一九年四月に輜重兵卒・輸卒の行動を統監し教練するための『輜重兵操典』別冊「駄馬之部」が定められた。(3)ここで指示されている陸軍の荷役方法は、駄馬の背に直接に荷駄を括りつける方法である。行軍の際に道路が整備されているとは限らない。車輌は道路、橋梁が通行可能な状況になっていて使用可能であるし、計画的な行軍を遂行できる。道路・橋梁の未整備が想定される場合には、馬の背に括りつけた輜重方法に習熟するのが安全で確実だったのだろう。

教練の手引きには、駄馬に荷駄を括りつける際に嫌がることがあるので、馴れさせて短時間に多くの駄馬を指令通りに動かす方法、つまり調教方法も事細かに記してある。動物を使った輜重はそう簡単ではなかったようである。輜重は大隊・中隊・小隊で構成され、輜重兵卒の教練は三年間である。輸卒は兵卒の指揮下で軍需物品の運搬に当たるので、とくに実地訓練を重視し、実際に遭遇する「諸種ノ困難ニ馴レ、労働ニ堪ヘシムルヲ要ス」と記されている。(4)

荷馬車の導入試験

明治二〇年代前半、陸軍省は馬一頭で荷車を牽引する荷馬車（一馬曳二輪車）の導入を検討し、「車輌試験」を繰り返した(5)。実戦に導入可能という最終報告が参謀本部に提出されたのは明治二六年（一八九三）七月のことである(6)。このとき「一馬曳二輪車試験委員」が六人選任され（陸軍輜重兵中佐、陸軍輜重兵大尉、陸軍工兵大尉、陸軍歩兵少佐、陸軍砲兵少佐、陸軍工兵少佐）、五月二六日～六月七日まで一三日間にわたって、中部山岳地帯を輜重隊が行軍する本格的な試験が実施された。

試験した輜重車輌は一八輌で、糧食の運搬を目的にした装匡車輌の「糧食車」八輌、「弾薬車」五輌、架橋車「五輌」である。糧食車の車軸は鉄製で「瑞西（スイス）鉄」と記されている。強度が高い鉄材が使われていたようである。糧食車の積載量は五〇貫（一八七・五キロ）を標準とし、弾薬車はそれより多く六〇貫超であった。このような車輌を馬に曳かせて、状況が異なる道路の通行、馬の疲労度、予備馬の頭数、人力補助が必要になったときの兵卒・輸卒人数を予測した。試験路は名古屋の第三師団輜重兵第三大隊の兵営から出発し、犬山を経て木曽方面へ向かい、妻籠《つまご》から飯田《いいだ》へかけて山岳地帯を越え、急峻・狭隘な坂路、ぬかるみの泥道、河川の徒渉を経験し、車輪や馬蹄が積載荷重に耐え、連鎖行進が可能かどうか、また進行速度等を見極めるものであった（図36）。

山岳地帯では「木曽峠ノ如キハ、崎嶇羊腸《きくようちよう》、其最大傾度三分一ニ達シ、曲〇（一字不明─武田注）至小ニシテ、殆ンド車輌ノ回転ヲ許サザルモノアリ、路面ハ最不良ニシテ峻厳錯出スルニ非ザレバ、

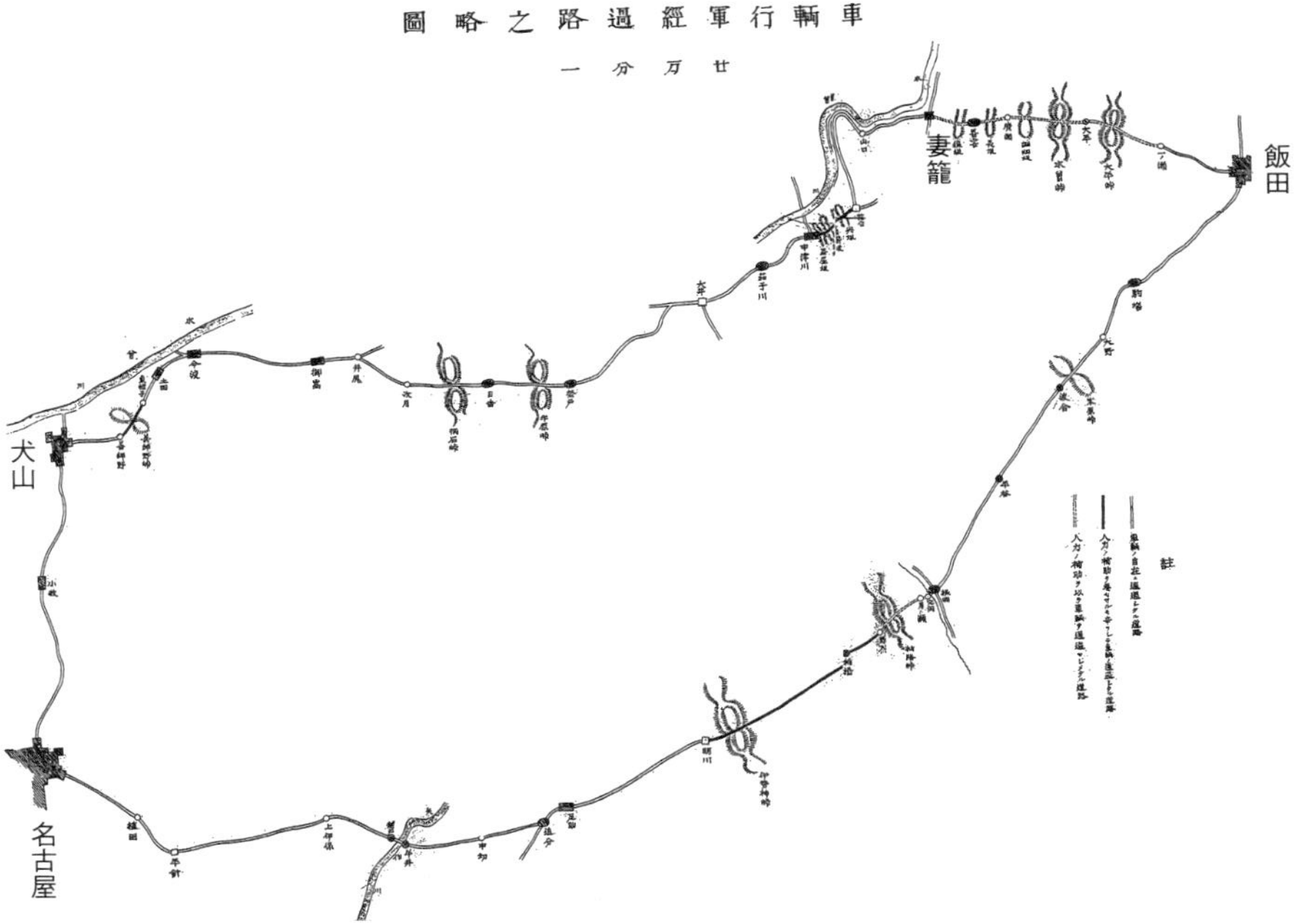

図 36　車輌行軍経過路之略図（防衛省防衛研究所所蔵資料：陸軍省弐大日記，明治 26 年 8 月 3 日「一馬曳二輪車試験委員より一馬曳二輪車試験報告の件」，明治 26 年 7 月「一馬曳二輪車試験報告書」）

泥濘甚シキニ至リテハ、巨石道ニ横ハリテ、宛モ階段状ヲ成形ス」と荷馬車の通行は困難をきわめた。馬の頭をなんとか進行方向に向かせ、荷馬車は六人で担ぎあげた。人力の補助が必要であることに加え、何度も車輛転覆が起きたが、一日平均六里（約二三・五キロ）進み、七二里の行軍を完遂した。

馬は第三師団管区内で徴発したもので、予備六頭を加えた二四頭のなかには荷役専業の馬あり、農耕馬ありの混成だったが、糧食車と弾薬車の牽引には使えるものの、架橋車は搭載する材料が不定形で、車輛に乗せるとガタガタと不協和音を発するため馬は嫌厭した。

このような試験結果から、荷馬車を使った輜重は、糧食運搬、弾薬運搬、架橋運搬、野戦病院、野戦電信隊には使えるが、機動性が高いとはいえないので、最緊急事態に敏速に対処することを必要とする部隊の物資運搬には適せずと報告されている。以上のように、馬と車輛を組み合わせて荷馬車を使用する輜重は大がかりになり、機動力に影響するため、導入には慎重な試験が重ねられた。

荷馬車の実戦への導入

荷馬車を実戦へ投入するためには、的確敏速に扱える人材の養成が重要である。「一馬曳二輪車編制」対応の輜重輸卒の速成教育を実施することが決定したのは、日清戦争が開戦した後、明治二七年（一八九四）一一月のことである。(7) 輜重編制が車輛使用に対応したものになり、「制式輜重車輛編制」になった。(8) ところが「一馬曳二輪車」の車輛数が足りない。そこで一二月に、臨時軍事費を二二万円

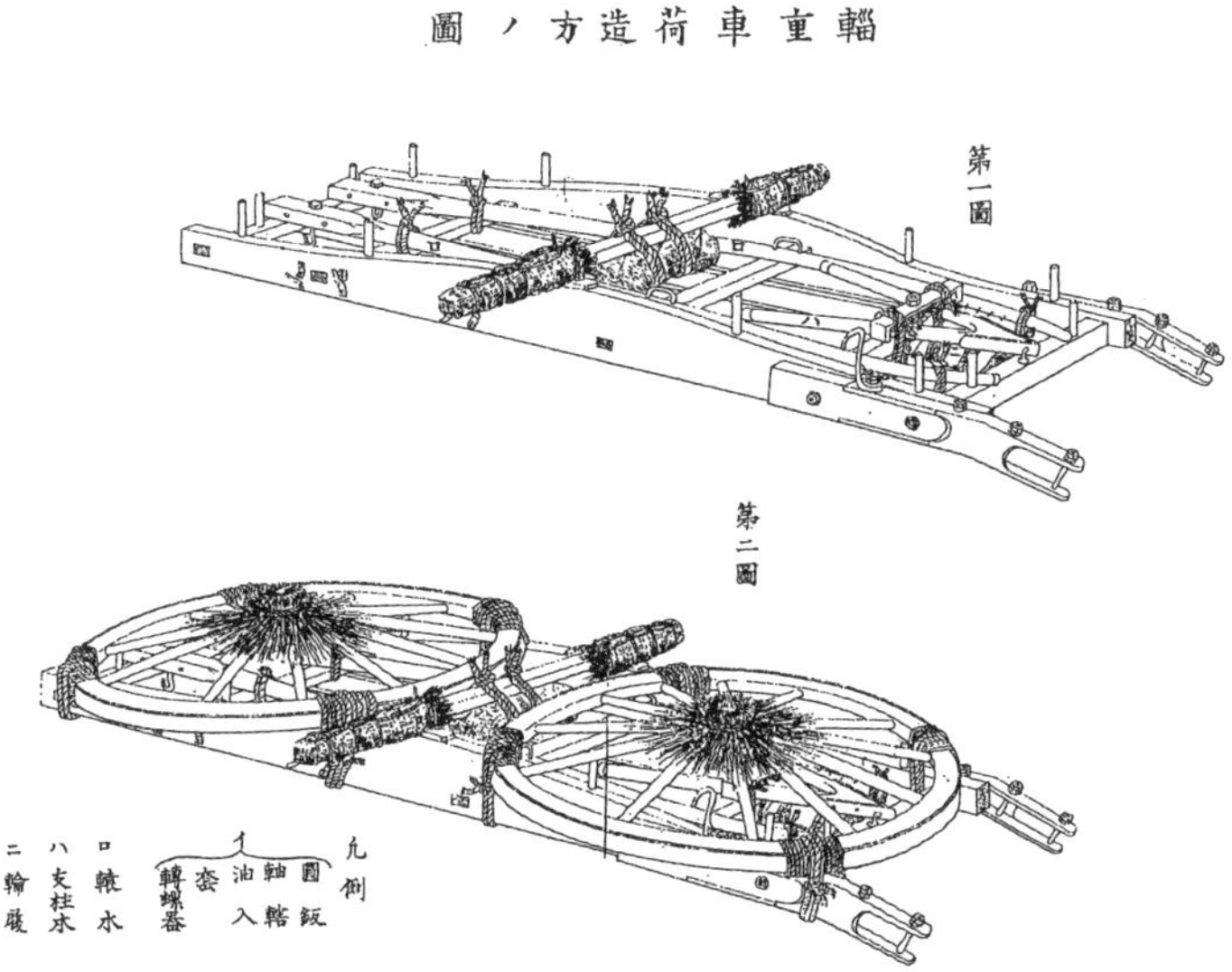

図37　輜重車荷造方ノ図（防衛省防衛研究所所蔵資料：陸軍省日清戦役日記，明治28年2月10日「軍務局長より輜重車輛荷造図配付の件」）

分投入して急遽二千輛を製作することが決まった[9]。

明治二八年二月には輜重車輛が整い、近衛師団および第一～六師団の臨時一〇隊（大架橋縦列、小架橋縦列、近衛弾薬大隊、弾薬大隊、輜重兵大隊、野戦病院、近衛輜重兵補充中隊、輜重兵補充中隊、野戦電信隊）に配備された。夜行用の車輛行灯も給付された[10]。

これらの輜重車輛を戦地に輸送することになったが、分解して鉄道貨車や汽船に搭載するため、安全で効率的な荷作り方法が試され、各師団に梱包方法が指示された[11]（図37）。

2　日清戦争と荷車徴発

開戦前夜の徴発準備

このように開戦後も陸軍の車輛は不足した。これに先立ち開戦直前、第一師団が駐屯している東京府では、車輛を徴発する準備が進められていた。陸軍省軍務局から東京府内務部兵事掛を経て、各区・各郡あてに、徴発可能な車輛や徴用可能な荷役人員数を調査するように指令が出ている。東京府では明治二六年（一八九三）から「徴発事務例条」が運用されており、それに則して明治二七年五月から七月にかけて情報が収集された。

表16は徴発可能な車輛数と製造業者数である。(12) 徴発に適する荷車の大きさは図38のように図示されている。一五区内で荷車の車輛数が多いのは、神田区、日本橋区、京橋区、浅草区である。日本橋周辺と浅草周辺の繁華な商業地である。商店、問屋が多く、商取引が活発で、物資の移動量が多かったことの反映であろう。車輛の製造業者が多い地区もこれに重なっている。つまり、東京のなかでも皇居から東側、つまり東京東部の河川・運河がある商業地が明治二〇年代後半においても荷車運送の活発な地域だった。これに比べると東京西部の赤坂区、麻布区、四谷区など坂道が多い山手地区は荷車の車輛数は少ない。これと対照的に、四谷区は荷馬車の数が多い。神田川から物資を水揚げしたのち、

表16　徴発可能な車輌数（東京区部，明治27年7月　日清戦争徴発事務）

区名	荷車	荷馬車	人力車		車輌製造人	
		1頭曳	1人乗	2人乗	人数	内訳
麹町区	1,517	11	1,882	275	7	馬車製造1，車製造6
神田区	5,632	71	3,138	777	24	馬車製造3，車製造13，人力車製造7，**荷車製造1**
日本橋区	7,365	35	2,518	578	11	馬車製造1，人力車製造5，**荷車製造4，人力車・荷車製造1**
京橋区	5,058	27	2,713	550	11	馬車製造2，車製造9
芝区	4,236	82	2,976	670	17	車製造人17（区別不明）
麻布区	1,252	29	1,166	228	5	人力車製造2，諸車製造2，**荷車製造1**
赤坂区	1,006	31	875	184	6	車製造人6（区別不明）
四谷区	1,269	136	1,106	241	3	人力車製造2，**荷車製造1**
牛込区	1,588	30	1,480	231	8	人力車製造1，諸車製造7
小石川区	1,475	57	1,315	286	4	**人力車・荷車製造2，荷車1，人力車・荷車・荷馬車1**
本郷区	2,152	35	2,075	490	13	車製造人13（区別不明）
下谷区	3,210	63	2,644	919	15	車製造人15（区別不明）
浅草区	5,862	56	4,514	1,714	16	車製造人16（区別不明）
本所区	4,421	9	2,817	1,176	23	車製造人23（区別不明）
深川区	2,887	15	1,737	585	12	車製造人12（区別不明）
合計	48,930	639	32,956	8,904	175	

出典：東京都公文書館所蔵資料：「明治二十七，八年戦役ニ関スル兵事事務書類，徴発事務ニ関スル部」「陸軍省軍務局馬政課，騎発第121号」明治27年7月19日への東京府内務部回答資料（621-B6-02）より，武田作成．

※アミかけは荷車数が3千以上の区．

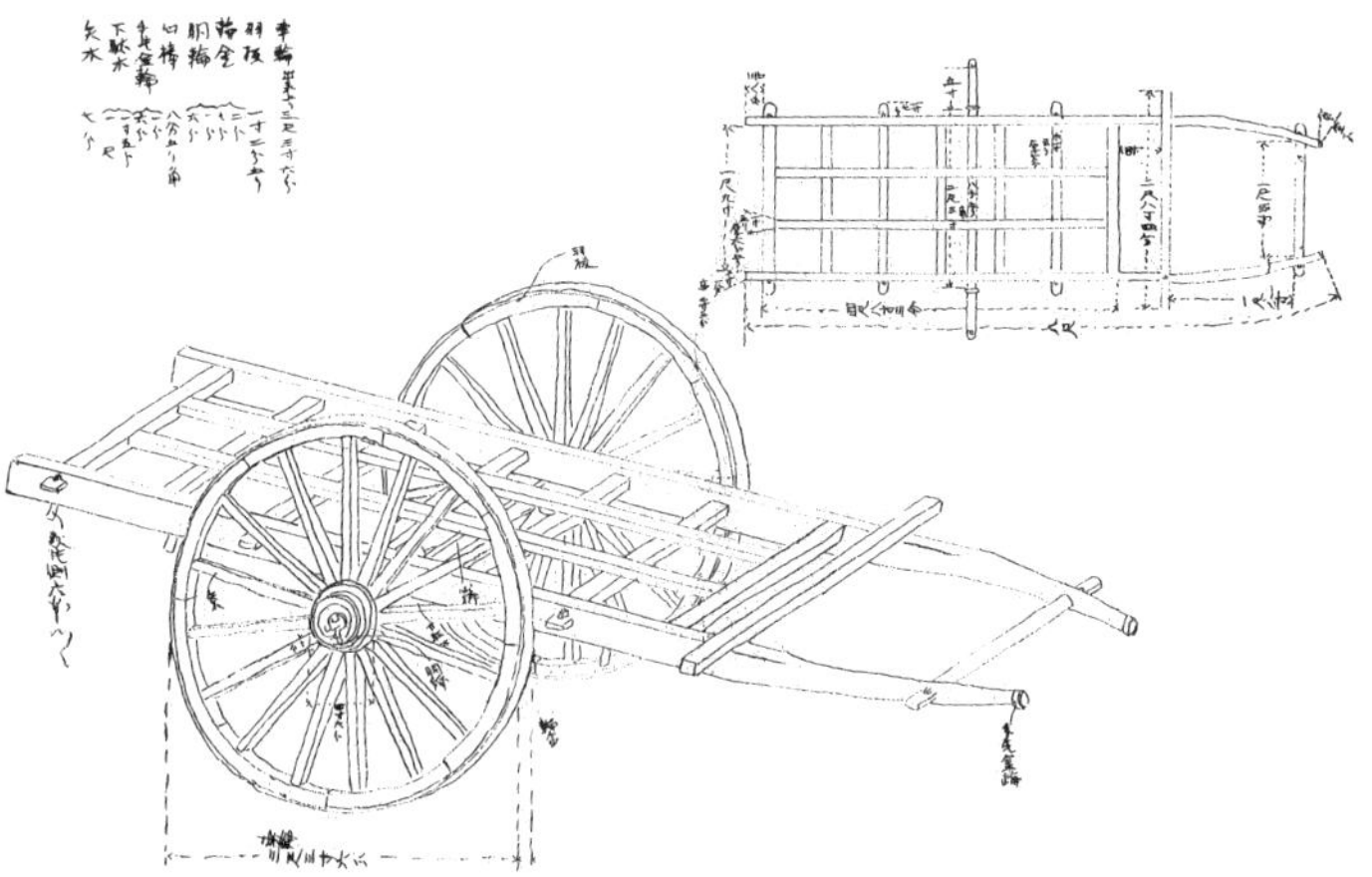

図38　徴発に適する荷車の例示（出典：東京都公文書館所蔵資料：621-B6-02：東京府内務部「明治廿七八年戦役ニ関スル兵事事務書類　徴発事務ニ関スル部」）

馬力運送に頼ったのであろう。

徴発可能な荷馬車は一五区を合計しても六三九にとどまっている。これに対して荷車は四万九千輛近い。明治二〇年代後半、東京市内の物資運送は依然として荷車が主力だったといえよう。また人力車数も四万二千輛近い。開戦した八月、人力車も不足した。

> 芝愛宕町、田中人力車製造所に於てハ、此程陸軍省より人力車一千台の注文を受け、最も急速に調製すべき筈には、目下昼夜を分たず、職工を増して製造中なりと。

一千台の大口注文に昼夜兼行で対応していることが報じられている[13]。このように戦争が始まると軍需物資の製造・修理に関わる職工の人手不足が起きるようになった。

職工と人夫の徴用

表17は七つの区における徴用可能な職工の人数である。[14] 車工が多いのはやはり日本橋区である。既述したように車輌は分解して汽車、汽船で戦地に運送された。現地で組み立てる車工、馬と荷馬車をつなぐ馬具を調整する各種の職工を必要としたのだろう。

表17　徴発可能な職工数（明治27年7月　日清戦争徴発事務）

区名	車工	縫工	靴工	鞍工	革工	鍛工	木工
麴町区	8	59	31	8	1	9	119
日本橋区	48	190	29	7	13	36	217
京橋区	10	151	27	14	11	148	533
芝区	18	60	28	2	22	187	419
麻布区	2	21	6		1	92	107
本所区	45	45	26		81	134	311
深川区	14	22	8		2	67	299
合計	145	548	155	31	131	673	2,005

出典：東京都公文書館所蔵資料：「明治二十七，八年戦役ニ関スル兵事事務書類，徴発事務ニ関スル部」「第一師団参謀，照会，師団甲40号」明治27年7月11日への東京府内務部回答資料（621-B6-02）より，武田作成.

表18は荷役労働に適する九職種の該当人数である。[15] 操車関係として荷車車夫、人力車夫、馬方、牛方、操船関係として船夫、漁夫、荷役関係として小揚人夫、角力、土方人夫、農夫が該当する。

一五区では人力車夫三万二千余名、荷車車夫二八〇〇余名で、人力車夫の圧倒的多さが目立つ。郡部では逆転して、人力車夫二八〇〇余名、荷車車夫三五〇〇余名となるので、人口が多い都心部に人力車の通行が多かったことがわかる。荷車車夫は区部、郡部を問わず相当数が分布している。賃金を比べると人力車夫のほうが若干高い。都心に住んでより多く稼ぐには人力車夫がてっとり早い選択肢だったことがうかがえる。

賃　金（銭）									
農夫	土方人夫	荷車車夫	角力	人力車夫	馬方	小揚人夫	船夫	漁夫	牛方
—	25	30	不詳	30	60	—	50	—	—
—	40	45	—	50	50	40	45	50	—
—	30	40	不詳	40	—	30	40	35	—
—	35	50	不詳	50	50	45	52	35	—
25	25	40	—	50	—	—	—	24	20
25	27	45	不詳	30	65	—	—	—	—
25	27	35	—	35	25	—	—	—	—
—	25	30	—	50	30	—	—	—	—
35	25	30	不詳	50	30	—	50	—	—
28	30	40	不詳	40	25	—	—	—	25
26	27	35	—	80	27	—	50	—	37.5
15	28	35	—	80	15	—	—	—	—
20	27	50	不詳	50	—	—	30	30	—
26	28	38	不詳	40	—	—	40	35	—
25	27	50	不詳	40	—	50	30	35	—
23	30	25	80	35	30	25	35	30	30
30	30	40	—	60	40	—	—	—	40
27.7	34.5	39.5	—	52.5	44.7	38.3	64.2	65	75
35.7	26	33	—	38	29	30	30	50	—
19	35.9	30.7	50	41.5	58.3	30	37.3	32.9	—
25	30	30	—	50	30	—	—	40	—
25	35	40	—	50	35	25	30	35	35
25	30	40	—	100	60	—	—	35	60

表18　9職種の人数・賃金（日給）（明治27年6月）

郡区名	人数									
	農夫	土方人夫	荷車車夫	角力	人力車夫	馬方	小揚人夫	船夫	漁夫	牛方
麹町区	0	100	170	20	1,550	5	0	3	0	0
神田区	0	500	450	0	2,400	50	200	50	15	0
日本橋区	0	120	180	20	1,960	0	200	300	30	0
京橋区	0	386	113	5	1,777	15	100	69	475	0
芝区	82	450	600	0	3,287	0	0	0	413	22
麻布区	57	150	148	4	1,500	8	0	0	0	0
赤坂区	10	50	30	0	1,000	10	0	0	0	0
四谷区	0	100	70	0	1,200	30	0	0	0	0
牛込区	14	220	528	3	1,435	30	0	13	0	0
小石川区	27	35	50	3	1,428	45	0	0	0	15
本郷区	195	300	100	0	2,250	3	0	4	0	7
下谷区	105	400	186	0	3,624	22	0	0	0	0
浅草区	56	30	135	4	4,359	0	0	150	50	0
本所区	30	45	80	322	2,269	0	0	70	40	0
深川区	324	640	22	12	2,400	0	260	305	750	0
荏原郡	8,012	151	811	1	504	80	101	311	940	3
東多摩郡 南豊島郡	5,514	385	596	0	440	190	0	0	0	9
北豊島郡	8,121	45	363	0	737	230	63	146	7	3
南足立郡	4,944	111	114	0	386	7	35	145	11	0
南葛飾郡	8,896	170	223	1	302	14	51	633	263	0
南多摩郡	28,132	250	100	0	280	50	0	0	45	0
北多摩郡	15,141	275	1,305	0	188	271	1	28	159	2
西多摩郡	8,625	23	45	0	48	135	0	0	45	25
合計	88,285	4,936	6,419	395	35,324	1,195	1,011	2,227	3,243	86

出典：東京都公文書館所蔵資料：621, 136, 02：東京府内務部「徴発事務例条附録第3号ノ1表中，職工住所姓名取調」より，武田作成.

※明治27年7月作成の文書に基づき作表した．東多摩郡と南豊島郡は一括して記載されていた.

表19　近衛師団の徴発区域

近衛師団　部隊名	人員	馬数	徴　発　区　域
師団司令部・属部	177	95	神田錦町
歩兵第一連隊（補充大隊）	818	3	飯田町1〜3丁目
歩兵第二連隊（補充大隊）	818	3	今川小路，神保町
歩兵第三連隊（補充大隊）	818	3	赤坂表町，新町，田町
歩兵第四連隊（補充大隊）	818	3	青山北3〜4丁目，青山南3〜4丁目，原宿村
騎兵大隊（補充中隊）	218	187	神田美土代町
野戦砲兵連隊（補充中隊）	181	87	神田錦町
弾薬大隊	1,005	840	靖国神社境内競馬場，近傍市街
工兵大隊（補充中隊）	152	3	岩淵町，赤羽根村，稲付村，小豆沢村
大小架橋縦列	456	317	岩淵町，赤羽根村，稲付村，小豆沢村
輜重兵大隊，補充中隊	1,174	1,126	青山宮益町，道玄坂，目黒川，渋谷広尾町
衛生隊，野戦病院	444	90	久保町通，日比谷練兵場東南側

出典：東京都公文書館所蔵資料：621-B6-02：東京府内務部「明治廿七八年戦役ニ関スル兵事事務書類　徴発事務ニ関スル部」より，武田作成．

荷役を専門とする小揚人夫は神田区、日本橋区、京橋区、深川区にしかいない。河川船運が活発で市場があった地域と、米穀運送の拠点に限定された特殊な労働者だったことがわかる。また力士数が調査されている。重量運送に向くためであろう。力士の分布は本所区に集中している。力士と荷役については後述する。専門性の高い労働のほうが賃金が良く、土方人夫、農夫の賃金は、操車や荷役労働に比べて低い。このような荷役労働者は軍役人夫の候補として調査されたものと思われる。荷役候補のなかに当然のことながら、立ちん坊はいない。戦地においても荷車の後押し用員は必要だったと推測されるが、軍役人夫がこれを行ったのだろう。

戦争と運送力の促進

以上のように、開戦直前、車輌や荷役労働の徴発に関する情報が収集され、戦争準備が整えられていた。それは車輌徴発、馬力導入を前提としたものであった。実際に馬力導入に対応した輜重体制に切り換えられたのは開戦後であるが、戦争前から体制再編へ向けて動いていたことがわかる。日清戦争は荷車から馬力による荷馬車運送へ切り換えられていく転換点であったといえよう。戦争が運送力の機動力強化を促進したことになる。

これらの調査は陸軍省軍務局が行ったもので、東京は第一師団と近衛師団の二つの師団が駐屯する軍事都市であった。二個師団の徴発区域は重ならないように調整され、近衛師団の徴発区域は表19のようになっていた。神田区、麴町区、赤坂区、芝区、北豊島郡、南豊島郡の一部が該当する。

3　軍役人夫の志願

軍役人夫の俸給

大規模な外征となり、補助的作業に当たる軍役人夫の調達は課題の一つであった。糧食の運搬、分配作業など諸雑役に必要な人夫の数が不足した(16)。第四師団では二五〇〇人を募集した(17)。軍役人夫の管理は各師団の監督部が所管したが(18)、請負人が間に入って人夫を集めた。請負人になることを希望する

表20　軍役人夫の給料（日給）

類　別	等級	内地	海外	該　当　職　種	管理方法
職　人	一等	1円	1円30銭	鉄道職工，電信職工，蹄鉄鞍木，鍛縫靴工，石工，鍛冶，家大工，船大工，井戸掘	職人取締（職人50人に1人）
	二等	90銭	1円20銭		
	三等	80銭	1円10銭		
	四等	70銭	1円	木挽，桶職，鳶，艀子，車輌工，人力車夫	
	五等	60銭	90銭		
	六等	50銭	80銭	井戸掘り手伝，土方	
	七等	45銭	75銭		
	八等	40銭	70銭		
人　夫	一等	40銭	50銭	陸揚人夫，仲仕，擔夫	人夫取締（人夫50人に1人）
	二等	35銭	45銭		

出典：防衛研究所所蔵資料：陸軍省日清戦役日記，明治28年3月26日「各局より軍役人夫給料標準の件」陸軍省軍務局，経理局より，武田作成．

者は個別に各師団に願書を提出し[19]、東京の近衛師団の場合は、師団との間に、請負人を束ねる「近衛軍夫請負人聯合事務所」が設けられた[20]。

軍役人夫には軍事臨時費から予算措置をして表20のように給料が支給された[21]。職人（職工）は八等級に分けられ、内地よりも海外出征のほうが高額である。車輌工や人力車夫は中程度の四～五等に類別されている。人力車夫は東京市内で日給五〇銭程度だったから、外征の日給一円は倍である。

人夫は二等級に分けられ、荷役人夫の場合は外征で日給五〇銭である。東京市内の小揚人夫の賃金とほぼ同等で、土方や農夫だった者が軍役を志願すると実入りは増える金額である。職人、人夫いずれの場合も、五〇人ごとに監督役の「取締」が付いた。

請負人による人夫調達

陸軍省軍務局が徴発用の人員調査の際に、「角力」すなわち力士の数を把握するように指示していたことは既述した通りである。東京では請負人の志願者のなかに力士出身者がいた。相撲年寄の君ヶ浜親方こと山下市五郎である。現役力士のときの四股名は獅子ケ嶽といい、「体格肥満して、一寸《ちよつと》才気あり」というから、身体も頭もよく動く利発な人物だったらしい。近衛師団の軍役人夫請負人に採用され、三〇余名の力士を率いて従軍した。君ヶ浜市五郎が力士集団の「取締」役である。(22)

従前から近衛師団は靖国神社に相撲を奉納する役を務めていた。上等兵が「呼出」役、歩騎砲工兵の兵卒が「力士」役となり、行司は本職を三人よんだ。取組に兵卒が飛び入り参加することは可で、勝者には将校から賞品が授与された。(23)このように近衛師団は角界と関係が深く、君ヶ浜市五郎は一団を率いて同行志願したのである。

力士出奔し軍役志願す

ところが、このとき血気にはやって軍役人夫を志願した力士たちはそれぞれの親方の許可を得ておらず、部屋を出奔したかたちとなった。そのため角界からは「逐電者」とみなされることになった。(24)力士出奔者のなかに行司の木村一学という者がいた。もと高砂浦五郎の部屋の力士で、行司に転業し行司若者頭を務め、兄貴株の出世頭であった。しかし、このような成り行きで外征することになり、思うところあって、出発前、高砂親方に挨拶に出向いた。(25)

同業年寄君ケ浜市五郎が其筋の内命ありしとて、力士団体を作り、渡清の挙ある由を聞き、直《にわか》に家業先を逐電して其団体に加はりたり。されど、師匠にハ無断に出でたれバ、如何に国家に尽くす為なりとハいへ、後日の申訳立つ可からずと、一学ハ一昨日、本所区緑町三丁目なる高砂浦五郎が留守宅を訪問して、止む無く家業先を逐電したる始末を詫び、不日渡清の上ハ一命を犠牲に供し、必ず親方の名誉ともなるべくこころ掛け、数年来の高恩万分一に報ぜんとする決心なれば、何卒《なにとぞお》御見《み》捨《すて》無き様、親方へお執《と》り成《なし》を独《ひとへ》に希望する旨を述べて立ち去りしといふ。

東京の角界では、力士の軍役志願にこのような破門騒ぎの一悶着があった。破門を解くことは一人の親方の一存では出来かねることを承知していたので、木村一学はわざわざ親方の留守の時間に挨拶に出向いたのだろう。自分なりの仁義を切っておきたかったのだと思われる。力士一行は三月下旬に戦地に渡航したようだが、明治二八年（一八九五）三月末には休戦条約が結ばれた。おそらく力士たちに活躍の場はなかったであろう。

力士たちは東京に戻らず、そのまま台湾に従軍した。四月に結ばれた下関条約で、台湾は日本に割譲されることになった。台湾で反乱が起き、近衛師団は台湾征討へ向かったのである。北白川宮を師団長とする近衛師団に力士出奔者の一行も従い、五月に台湾に上陸した(26)。

本年の三月頃、近衛師団の担夫に採用され、君ケ浜市五郎に従ひ、渡清したる岩戸川、取倉、荒磯、木村一学等、三十余名の力士・行司ハ、其の際師匠へハ無断に出発したる為め、何《いづれ》も逐電者と見做《みな》され、今回の大場所の番付けにハ除名されたれバ、彼等大《おおい》ニ決心する処あり。諸軍隊の凱旋に拘《かか》はらず、目下台湾へ渡航したる由なれど、彼れ等ハ全く親方を欠落《かけおち》したるにハ相違なきも、戦争に尽す処あるを以て、帰朝の上ハ帰参を許さるべしといふ。

角界からは追放状態のままで、再開された大相撲の番付から除名されていた。破門力士の一行は台湾で名誉回復の機会をつかむしかなかった。六月に台湾総督府が開庁され、九月に力士一行が従う近衛師団は新竹県に駐屯していた。九月三日、行司の木村一学は新竹県から公爵の近衛篤麿や黒田清隆など一五人の有力者に近況をしたため、書状を送った。近衛公爵は相撲好きで、角界と親交厚く、力士たちが「最も贔屓を蒙りし」と頼りにする存在だったのである(27)。

同様に力士たちが敬慕していたのが近衛師団長の北白川宮だったが、マラリヤのため一〇月に亡くなった。東京で執り行われることになった葬送の柩を供奉することを志願し、力士たちは日本に帰った(28)。支柱を失い、悄然とする力士たちの姿が目にうかぶようである。

のち力士一行には近衛師団から勲功の賞状が授与された。請負人かつ取締だった君ケ浜市五郎への賞状には「終始労働能く、其役を尽したるを賞す」と記されていた(29)。近衛師団からの賞状は破門された力士たちの免罪符として角界復帰につなげようとするためのものだろう。木村一学はのちに相撲年寄の名跡を取得しているので(30)、角界に無事に収まったようである。

力士たちが多かった本所区や、深川仲仕人足の結束が強かった深川区にあたる地域（江東区・墨田区）にはいまも力石が数多く現存する。そのなかには力士や仲仕が神社仏閣に奉納したものがある。[31]軍隊が運送する物品のなかには、糧食用の米穀など重量物資が含まれており、重量運送に得意な力士たちの志願は軍隊にとってはありがたいものだったと思われる。

4　帰還の余波

あふれる荷車

下関で講和条約が結ばれ、兵卒と軍需品の帰還が本格化した。本格的な外征は初めてのことであり、国内に返送されてくる大量の軍需品の収容が問題になった。「各師団の倉庫新設」という見出しで輜重荷車について、次のように言及されている。[32]

日清戦争の為め、軍器軍用品等の新調せしもの多く、又其輸送に要する輜重荷車の如きも数万個に達したるが、追々軍隊の凱旋に付てハ、右等の各器、続々着荷し、収容の場所なき由にて、各師団ハ何れも広大の倉庫数棟づつを新設することとなり、（後略）

荷車の余剰数は相当なものであったらしく、翌八月には陸軍から次のような新聞広告が出された。[33]

払下広告

一　荷車　　五百五十輛

右、希望の者ハ、八月廿日の官報を見よ
　輜重兵第一大隊　輜重廠

五五〇輛の荷車を放出するという。荷車の収納はかさばり、倉庫に納めきれなかったのだろう。日清戦争後の東京では、戦地帰りの荷車が走り回っていたようである。

ひろがるコレラ

兵卒の帰還でコレラ蔓延の脅威もひろがりはじめた。日本では明治前半に数回のコレラ大流行を経験している。なかでも、明治一二年（一八七九）のコレラ流行は深刻で、患者数は一六万人を超え、死者は一〇万人に達した。内務省は予防対策を強化したが、明治一五年にもコレラ流行が起きて対策が不充分であることが明らかになった。東京試験所が開設され、組織的な対策が強化された(34)。コレラ流行のリスクが大きい東京市では、各区ごとに任意団体の衛生会が組織され、自治衛生の意識が徐々に広がりはじめたものの、明治一九年のコレラ大流行では、罹患したことが明るみになると避病院へ送られて生き血を吸い取られるという噂が広がり、患者の隠匿、入院忌避で感染拡大の悪循環がおきた。このときの患者数は一五万人を超え、死者も一〇万人を超えた。さらに明治二三年（一八九〇）にコレラが全国流行し、患者数四万六千人余、死者三万五千人を超える事態になった。そして明治二八年、戦争による帰還兵で、またもやコレラ禍に脅かされることになった。この年はコレラ患者数五万人超、死者四万人超の大規模な流行になった。

四月一〇日に内務大臣訓令が発せられ、日本軍が駐屯している遼東半島の金州、台湾の澎湖島でコレラが発生し、国内での患者発生をくいとめるため、帰還兵が帰郷で通過する港、鉄道、停車場での検疫を強化するように指示が出された。引き続いて翌日も内務大臣訓令が発せられ、「伝染病ノ戦争ニ随伴スルハ歴史ニ徴スルモ明瞭ナリ。（中略）今ヤ占領地其他ニ於テ虎列剌（コレラ）病ヲ発生シ、漸ク蔓延セントスルノ景況アリ、若シ他日征清軍凱旋ニ際シ、之レガ為メ病毒ヲ媒介散布シ（中略）此際予防ノ施行最モ厳重ナラザルベカラズ」と戦争があった年には伝染病が蔓延する懸念から、厳重警戒を促している。しかし、警戒の甲斐なくコレラ患者は徐々に増えていった。

東京に帰着する兵卒は、広島県の宇品《うじな》港に上陸し、汽車に乗って新橋停車場か青山軍用停車場で下車した。汽車検疫を実行するため、警察官と検疫医は横浜停車場から広島発の汽車に乗り込み、下車駅に着くまでの間に健康状態を確認して回った。このような厳重検疫体制のなか、軍需品の返送についても取締が強化された(35)。とくに警戒されたのが軍服の返送で、貨物の運送も含めて、警視庁は五月九日に陸軍省経理局へ軍服の輸送方法、収納方法、責任の所在などを照会した。

陸軍省の回答によると、軍需品の返送方法は汽車搭載と船舶搭載の二通りあった。どちらの方法を利用しても、最終的に深川区にある陸軍省の深川倉庫に収める。汽車の場合は、新橋停車場に到着し、深川まで搬送する。あらかじめ住所・氏名を届け出た貨物運搬請負人、運搬人夫、運搬付添人が運び、それ以外は貨物に接触することがないように、新橋停車場所管の芝警察署員が監視した。船舶搭載の場合は日本郵船株式会社が搬送の委託を受け、船舶に搭載して横浜港まで運んだのち、艀に積み替えて深川倉庫に搬入した。そのため、警視庁検疫部は五月二〇日に日本郵船に命令第五六号を出して、貨物が陸揚げするたびに警察に届け出て、運送終了後に消毒を徹底させるように指示した(36)。

以上のように五月以降、軍需物資の返送にあたっては、コレラ流行の重大状況に鑑み、貨物運搬の実務にあたる労働者まで住所、氏名が管理されたのである。そのなかには当然のことながら荷車の車夫も含まれていたと推測される。

同時期に荷車は払い下げられているので、軍需物資のすべてがお蔵入りだったわけではない。

日露戦争の荷車徴発

明治三七年（一九〇四）二月に日露戦争が勃発すると、同様に荷車が徴発された。開戦直後の二月一四日、青山練兵場に徴集兵が召集されたとき、徴発された荷車の搬入が行われた。三時間以上にわたって夜中まで徴発荷車のカラカラという音が周辺に響いた(37)。荷車の音が臨戦の緊張を伝えたのである。

それまで陸軍で使用されていた荷車は「一馬曳二輪車」が標準だった。しかし、積載量が少ないため、台数を多く必要とする。縦列（中隊）が長くなる懸念があった。軍事上、隊列を短くし機動力を向上させる必要があるとして、陸軍省が四輪の馬車を四頭に曳かせる車輛「四馬曳四輪車」の開発を決定したのは明治三七年九月二二日のことであった。(38) 以上のように大きな戦役のたびに、軍事上の必要から輜重能力の向上、機動力強化が急がれ、より大型の荷馬車へ移行していった。

第七章　東京近郊の荷車と立ちん坊

1　那須がみた東京西郊

郊外農村と都心商業地の物流

那須《な》皓《すしろし》が「代々木村の今昔」で、「荷車」から代々木の「経済革命」が起こったと指摘したことは本書冒頭に述べた通りである。代々木は当時（大正三年）、合併して拡大した代々幡村（豊多摩郡）の一部になっており、東京府の郡部すなわち郊外地域であった。那須は郊外「農村」における「農業」の変化と関連づけて、荷車の技術改革の意義を述べたことになる。

本書はこれまでさまざまな角度から都心商業地、すなわち商取引の活発な地域での荷車利用について述べてきた。都心における商取引と、郊外農民の荷車活用はどのように結びついているのだろうか。農民は荷車に何を載せてどこへ向かい、帰りには何を載せて村にもどってきたのだろうか。

那須は郊外農村の荷車に言及したが、生まれたのは都心商業地で、荷車の行き交いは日常的に見慣れていたと思われる。那須の生い立ちを通して、都心商業地と郊外農村の物流が活発になっていく経過をたどってみよう。

那須少年と都心の商業地

那須は明治二一年（一八八八）に東京市の本郷区湯島天神町で生まれた(1)。生家は湯島の中坂下で漢方薬の製造・販売業を営んでいた。町内に湯島天神があり、表通りに製造と販売を兼ねる商家がたちならんでいた。那須の家もそのなかの一軒で、一階は店舗兼作業場、二階に家族が住んでいた。

父は富山藩出身の士族で、売薬に長じた富山の縁を生かして製薬業を始めたのである。父の士族の商法は当たった。「万金丹」と「宝寿」という丸薬が売れ筋で、特約販売人を介して全国各地の取次店に卸されていった。家業としてこれらの丸薬を作っていたのだが、常雇の通いの職人が二人いた。薬材を調合・混合し、機械に入れて絞り出し、干して乾燥させた。仕上げに銀箔を塗る。男衆や女中も手伝い、忙しいときは母も、仕入れに来た特約販売人も手伝った。

このように各店舗の作業場で製造された物産が出荷され、坂下の商業地区は人々や荷物の往来で活気があった。湯島の坂下に荷車の後押しを手伝う立ちん坊がいたことは既述した通りである。荷車や立ちん坊がいる光景は那須少年にとってはなじみのものだったと思われる。

このような一帯がさらに賑やかになるのが縁日である。湯島天神は毎月二五日が縁日だった。拝殿で奉納するお神楽にはオカメ、ひょっとこが登場し、道化にあふれた舞いで子どもたちを楽しませた。スサノオの大蛇退治に夢中になる子もいた。

こんな縁日に行って有平糖の鯛の御菓子でも買ってもらへれば、私は大満悦であったのである。それは二銭位であったらうか。黒砂糖の飴玉や普通の駄菓子は一個一厘であった。当時は尚、一厘の寛永通宝、一厘五毛の文久通宝、八厘の天保通宝などが通用して居た。一銭に足らぬと言うので智恵不足な男を、「彼奴は天保銭だ」などと、よく言ったものである[2]。

父の製薬業は順調で、明治二六～二七年ごろに湯島三組町の商家を買って転居した。家の前にあった門灯に毎夕、脚立を持った点灯夫が回ってきて灯りをつけた。さまざまな御用聞きも来た。魚屋、八百屋、豆腐屋は素足に草履ばきで、雨の日は蓑を着ていた。地方からの上京者はマント代わりに赤い毛布をまきつけ、「赤毛布《あかげつと》」と呼ばれた。中古の赤毛布は人力車の膝掛けなどにも使われた。

那須は飛び級で、明治三一年（一八九八）に麹町区飯田町の東京府立城北中学校に入学した。帝国文庫本の八犬伝、水滸伝、西遊記など手当り次第に読みふけり、手持ちの本がなくなると、近所の貸本屋に行って黒岩涙香《くろいわるいこう》、尾崎紅葉《おざきこうよう》などを借りた。徒歩で通学する街路が市区改正で徐々に広がっていった。本郷の自宅から中学まで距離があり、たびたび遅刻して先生から「遅刻博士」というあだ名を頂戴した。明治三八年、一高に入学したとき、新任校長として着任したのが新渡戸稲造である。英語は夏目漱石に習った。

農政学と柳田の郷土会

明治四一年（一九〇八）、駒場の帝国大学農科大学に入学した。渋谷道玄坂を郊外に向かって二町も行くと田圃が広がり、その先に農科大学の裏門があった。付近は農村で、那須が間借りしたのが裏門付近の農家の納屋の二階である。二階に六畳部屋が二間あり、他一室を借りたのが加藤完治で、親友になった。納屋の「下には、大八車だの農具だのが置いてあった」(3)。家主の加藤戌三郎は篤農家で、那須はここで郊外農民の生活をつぶさに学んだと記している。「近郊農家の農場経営と家庭生活のさまざまの姿を、筆者はこの納屋の二階から眺めた。戌三郎氏は一個の篤農であって、越瓜作りがとくに得意であった。これが金になるから、こたえられませんよと、戌三郎氏は大きな越瓜を撫でながら眼を細くしていうのを、加藤君は半ば賛成しないような顔つきで聞いていたのを思い出す」(4)。那須は農科大学での専門的知識と平行して、身近な人々から農家の生活の諸相を学んだ。農政学を専攻し、新渡戸稲造、柳田国男が主催する郷土会に参加するようになった。

柳田は「郷土会」が始まった経緯について次のように記している(5)。

郷土会の創立は明治四十三年の秋であったと思ふ。郷土会と云ふ名称は、最初からのもので無かったが、仮にさう呼んで居るうちに、次第に親しい言葉になってしまった。自分の処には第四十回頃までの記録しか存して居らぬが、少なくとも大正八年の末までは続いて居た筈である。（中略）新渡戸博士が大戦の終頃に、外国へ出て行かれたことが、会の中絶した主たる原因であった。と謂ふのは博士が其の静かにして清らかな住居を、いつも会のために提供せられたのみでは無く、又至って注意深く参集者の世話を焼かれたので、誰も誰も少しでも早く、次の会日の来ることを願って居たのが、もうさう云ふ事が無くなったからである。

そもそも新渡戸は札幌農学校二期生である。アメリカ留学、ドイツ留学で農政学を修め、帰国後は母校・札幌農学校の教壇に立ち、明治三一年（一八九八）に『農業本論』を出版した。地方村落の衰退傾向に危機感をいだき、「地方《ぢかた》」を研究する必要を説いた。明治四〇年二月一四日、第二回報徳会例会で新渡戸が「地方の研究」と題する講演を行ったとき、聴衆のなかに法制局参事官だった柳田国男がいた。

新渡戸稲造と地方の研究

新渡戸の講演に触発された柳田は明治四〇年（一九〇七）に自宅で「郷土研究会」を始めた。翌四一年に約三カ月にわたって九州を旅し、宮崎県椎葉《しいば》村での見聞をもとに四二年三月に『後狩詞記《のちのかりことばのき》』を自費出版した。さらに翌四三年六月に刊行したのが『遠野物語』である。(6) この年の秋から郷土会は新渡戸邸で開かれるようになり、小田内通敏《おだうちみちとし》、石黒忠篤《いしぐろただあつ》など錚々たる学者や官僚が常連として出席し、輪番で報告した(7)。

このように新渡戸の「地方《ぢかた》の研究」を契機に、柳田が民俗へと傾注していった時期に、併行して開かれていたのが郷土会である。新渡戸の配慮が行き届いた雰囲気のなかで、同好の士と関心を共有する時間の魅力が柳田の文章から伝わってくる。個人的な著作と、サロン的会合による知的交流の両面から「地方の研究」方法が深められていったといえよう。新渡戸が啓蒙した「地方の研究」の影響力について、那須は後年、次のように述べている。

「地方《ぢかた》」の研究は、常に（新渡戸）博士の深き関心事であり、（中略）。大正の初頭、小石川区小日向台町の博士邸に、毎月郷土会を開催されたのも、半ばは「地方《ぢかた》」研究のためであった。（中略）柳田国男氏が幹事役として例会の研究報告を纏めたものが「郷土会記録」として出版されている。後年、柳田氏を中心とする民俗学の素晴らしい発展も、因縁を溯り手繰ると、郷土会に、更には（新渡戸の）『農業本論』にまで到達する点が存するのである。

このような意義を有する郷土会の蓄積のなかで、「最も魅力あふれる報告」と評されるのが那須の「代々木村の今昔」である(8)。「地方」の変容を促進する要因を農民の生活の細部に分け入って的確に析出することができたのは、大学裏門の納屋生活の賜物であろう。

2　農業と荷車

農地での利用

那須が「代々木村の今昔」を報告したのは、大正三年（一九一四）一二月九日の郷土会第三〇回例会である。荷車に言及する前に那須は次のような内容を述べている。

要するに幕政時代の江戸の都会勢力は、千駄ヶ谷代々木の附近で喰い留められて居たのである。穏田には年中蔬菜を栽培し江戸に出した者が二戸あった。代々木では野菜はほんの小遣取りに作るばかりで、他は凡《すべ》て自家用穀作の為に働いた。青物は青山四丁目の市場へ、又四谷大木戸の市へも少しは出した。車は不細工な物が僅かの金持の家にあるばかりで、馬も乏しく、他は悉《ことごと》く天秤棒であった。

那須はまず幕政期における農村の運搬手段について述べる。江戸の市内・市外は朱引《しゆびき》で区分けされ、千駄ヶ谷村、代々木村は朱引の内側縁辺にあたる（図39）。主な運搬手段は天秤棒で野菜は重くかさばるため、自家消費用の栽培が主だったが、若干量を近くの市に出すこともあった。

「四谷大木戸の市」とは甲州街道の内藤新宿のことである。また、「青山四丁目の市場」とは大山道（現在の青山通り）の宮益坂にあった青物市場のことである。大山道は赤坂御門を起点とし、相模国の

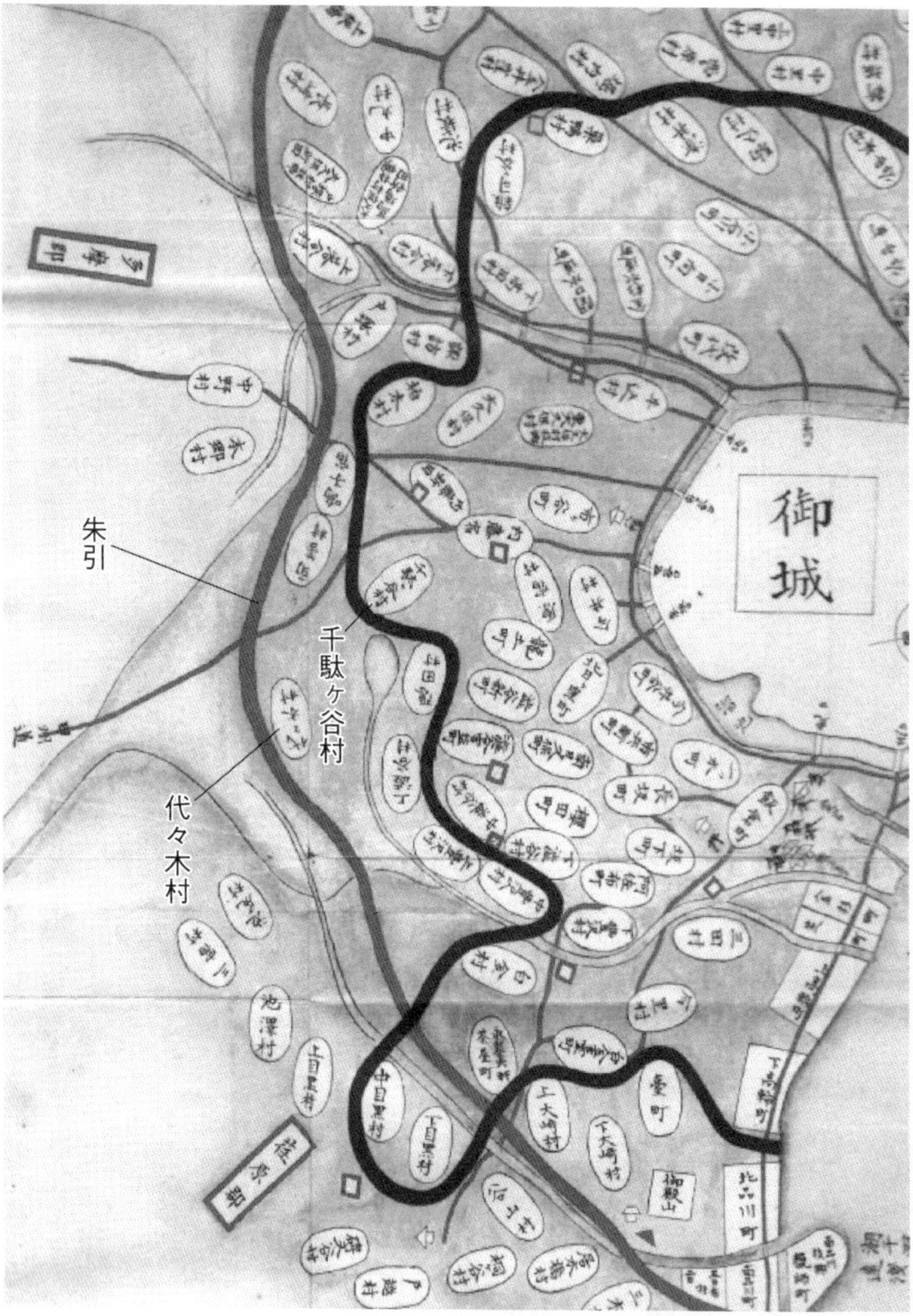

図39　江戸の朱引（「旧江戸朱引内図」，東京都公文書館所蔵）

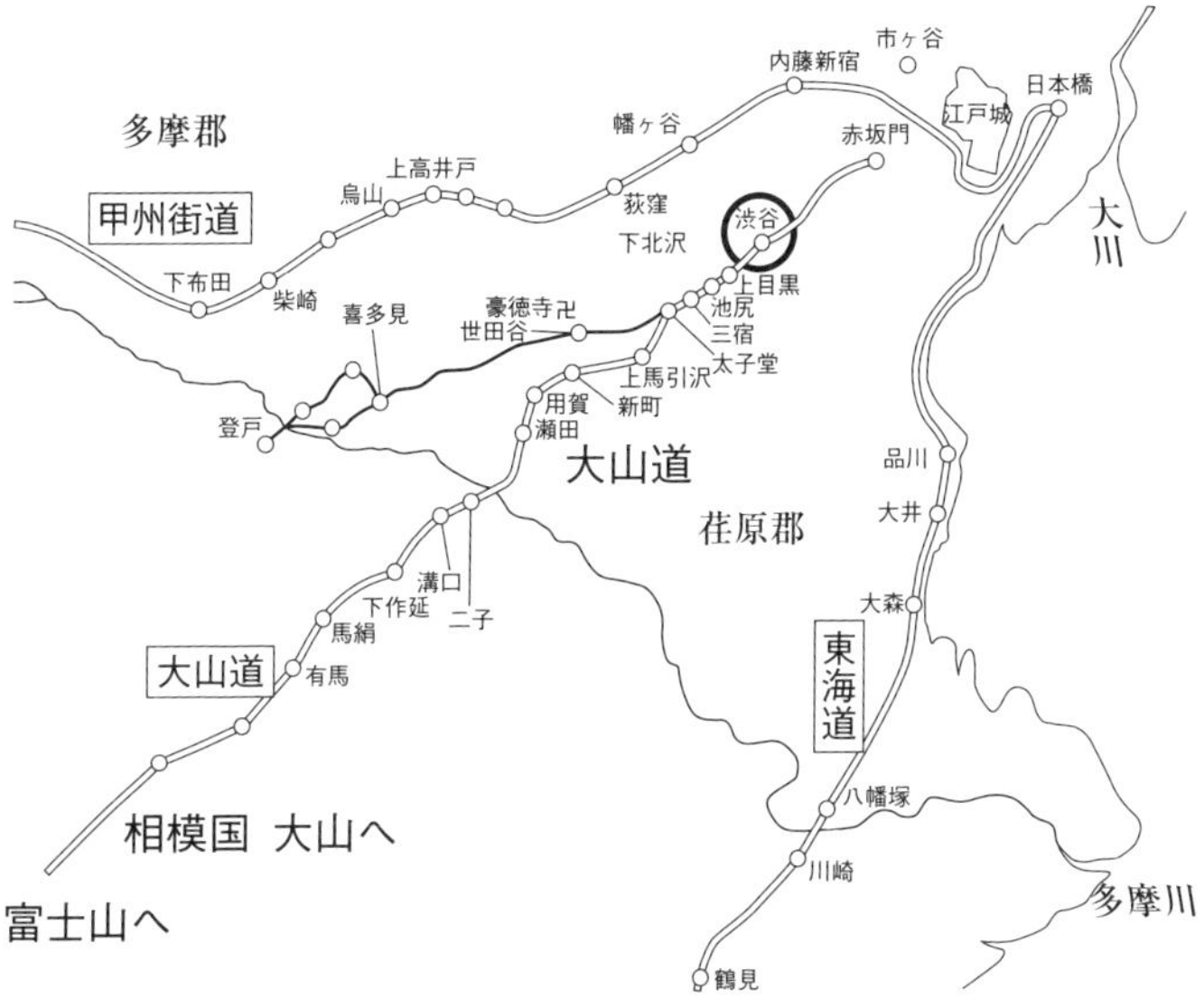

図40　大山道

大山阿夫利《あふり》神社（現・伊勢原市）へ至る道で、江戸期は大山詣の人々で賑わった（図40）。大山道は東海道と甲州街道にはさまれた間の地域を貫く「脇往還」である。代々木村はちょうど甲州街道と大山道のどちらにも近く、それぞれの街道の市中への入口に立つ市に野菜を出したのである。

「不細工な車」とは、さほど頑丈とはいえない荷車という意味であろう。幕政期に江戸近郊の農村では農作業や農作物運搬のために荷車を使用していた。運送を請け負って賃稼ぎをすると取締や徴税の対象になった。村の名主は大八車の数や使途、曳き手の車力渡世の有無を書き上げて公儀に報告することになっていた。たとえば武州多摩郡の大沼田新田（現在の小平市の一部、享保九年〈一七二四〉に新田開発が開始）は幕府領であるが、天保一四年（一八四三）に名主が提出した文書に次のように記されている。[9] 運送用の大八車はなく、車力渡世もいない。大七車は二輛あって、所有者は名主と村年寄である。使用状況は次のようである。

農間、自分の荷物而已《のみ》積みて、隣の村々、并に御当地迄も、引き出し運送いたし候。尤《もっと》も右之外に小車拾四輛、御座《ござ》候得共《そうらえども》、是以所持荷品、前栽物、肥《こや》し等を積み、運送仕り候儀ニ御座候。

村のおもだちが大七車の所有者で、運送による賃銀稼ぎはしておらず、農間余業に近隣農村または江戸市中に自家用の荷物を運ぶ程度であった。近隣の市場に若干量の農作物を出したり、公儀から定められた物資の納入に江戸市中に赴いたのであろう。大七より小さい荷車が一四輛あり、野菜と肥料の運搬に用いていると記されている。

維新後、明治四年（一八七一）に品川県から同様の車輛調査が指示された。このとき大沼新田には大七車が一八輛、牛車が一輛あった。所有者はすべて百姓である。[10] つまり、三〇年弱の間に大七車は二輛から一八輛に増加したことになる。維新前に小車を使っていた農民がこの時期には大七車を使用するようになったのだろう。以前より大きな荷車を使うようになり、村内の運送力が徐々に向上していくさまがうかがえる。

野菜と青物市場

明治四年（一八七一）、東京府は道路修繕費の財源として、諸車に対し車賃収入三パーセントの車税を課すことを定めた。府税を徴収するため、明治五年に各村内の人力車、荷車、農車の数を調査した。[11] 国税においても、明治八年二月二〇日公布の「車税規則」（太政官第二七号布告）で諸車の類別と課税額が定められた。農業用の荷車（農車）として耕作地および村内で使用する場合は免税措置の対象となるが、街道を通行して薪炭、野菜等を運搬する場合には納税しなければならなかった[12]（明治八年三月二四日公布「官令　乙第四十号」）。このように農車について納税・免税の基準が明確になったのが明治八年である。埼玉県郡部の事例になるが、明治九年（一八七六）から二〇年（一八八七）の一〇余年の間に荷車数が急速に増加している（表21）。那須が述べたように東京周辺の農村部では明治一〇年前後に荷車の変革期があったことが確認できる。

表21　埼玉県郡部の集落の荷車数の推移

村落名	明治9年	明治20年	明治44年
福　　岡	3	41	
駒　　林	21	37	
中 福 岡	20	27	
福岡新田	4	14	
川　　崎	7	6	
合　　計	55	205	292

出典：[上福岡市史編纂委員会 1997，314頁] より，武田作成．

郷土会の常連で地理学者の小田内通敏に『帝都と近郊』という著作がある。そのなかで、東京近郊の農村で手車（荷車）の改良と道路の改修によって運搬力が向上した結果、生産地である村落と市中の境界域に小さな市場が新設されるようになったこと、同時に従来からあった都心商業地の市場へ搬入する野菜の量も増加したことが述べられている[13]。市中心部の市場は問屋集団によって管理運営されていた。農民が野菜を持ち込むと、約一割の口銭（手数料）を問屋にとられた[14]。村落に近い街道沿いに新しく市が開かれれば、農民は運搬の手間が省け、問屋に口銭をとられることもなく、野菜の価格を低く抑えることができて、消費者にも有益である。

近郊の市場新設

その一例として、明治一三年（一八八〇）、渋谷道玄坂に新市場が開設された。道玄坂は大山道の一つの坂である。東京西郊たとえば世田谷の農民は野菜を市中に搬入する際に、大山道を通る。郊外から来ると渋谷道玄坂を下り、渋谷川にかかった橋を渡って、宮益坂を登り、青山の市場に野菜を搬入した。渋谷道玄坂も宮益坂も急坂で、上り下りが難儀だった。宮益坂を登ることを避けて、渋谷川に沿って平坦な道を行き、広尾町の市場に搬入する農民もいたほどである（図41）。そこで幕末に、宮益坂を上る手前に尾張屋源兵衛という町人が「尾源市場」という青物市場を開いた[15]。

明治一三年一月二六日、道玄坂の中腹に新市場を開設する出願が東京府に提出された[16]。その場所は中渋谷村に属する土地で、出願者の代表は中渋谷村の丸山新助、その他三九名である。中渋谷村の村会議長など道玄坂および周辺の有力者が名を連ねた。明治七年に中渋谷村で生産されていた農作物は、米、陸稲米、大麦、小麦、裸麦、粱、黍《きび》、大豆、小豆、大角豆《ささげ》、豌豆《えんどう》、蕎麦、蜀黍《もろこし》、玉蜀黍《とうもろこし》、里芋、

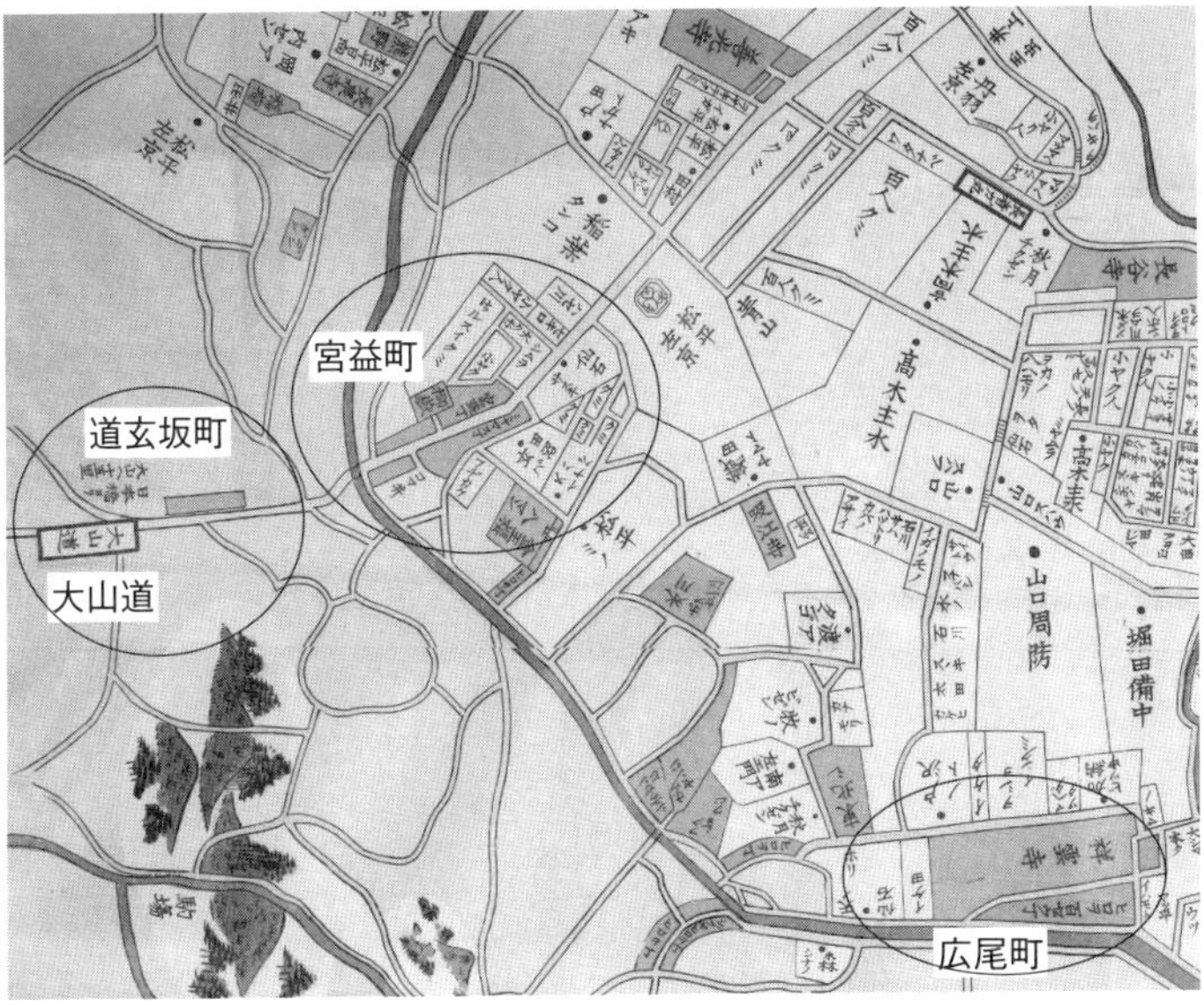

図 41　宮益町，道玄坂町の町並（「御江戸大絵図」天保 14 年（1843））

莱菔、越瓜、胡瓜、西瓜、胡麻、牛蒡、冬菜、菜種、葱、韮、野蜀葵《みつばぜり》、茶葉などである。(17) 最も生産量が多かったのは大麦で五〇四石余の年間生産量があった。(18) 同年に中渋谷村にあった荷車は六七輌、(19) 人力車は一〇輌である。荷車のほうが多く、郊外農村の特徴が如実に表れている。

　市場新設の趣旨と運営方法は次のように記されていた。近年、大山道沿道の村々は一様に繭、生糸、茶、雑穀、薪炭など農作物の生産量が増加した。道玄坂に市場があれば商取引の利便性が増す。市を開くのは月に六日間で、「五」と「十」の日である。午前七時〜午後六時、毎回五名が当番で市場の管理に当たる。手数料を徴収せず、自由販売とする。天候急変の際は道玄坂で荷を預かるため、預かり料を徴収する。このような条件で三月二六日に東京府に認可された。地域の有力者層が中心になって、道玄坂に市場交換の基盤が整えられた。

肥料投入量と経済の好循環

このように近郊農民が荷車に野菜を積んで、周辺部の新設市場、または従来の都心商業地の市場に搬入する動きが活発化した。近郊農民が野菜を出荷するときは、前日に収穫し、夜業で荷を整え、真夜中に荷車を曳いて出立した。人参を出荷するときは人参を畑から掘り上げて、根元をわらで結び束ねた。荷車に麦わらを敷きつめ、その上に人参の束を交互に積んだ。さつまいもは洗って、俵を半分に切った筒状の入れ物に入れた。封はせずそのまま俵を荷車に積せた。(20)

荷車に野菜を積んで市場へ向かい、帰りは下肥が入った肥料桶を積んで村へもどった。たとえば世田谷の太子堂《たいしどう》村の森家は約二町歩の田畑を所有し、肥料として主に三種類すなわち糠《ぬか》、にしん粕、下肥を使っていた。明治一二年（一八七九）の肥料使用量は、糠が六俵（六円九八銭）、にしん粕が三斗四升（二円）、下肥が一八〇荷（約一二トン、二〇円六二銭）である。明治九年八月二二日に荷車（小車）一輛を五円七五銭で購入し、肥料運搬に荷車を用いた。

下肥は森家が青山周辺の家屋敷と契約して、自前で汲み取り、肥料桶に入れて荷車で運んだ。太子堂村から青山までは、大山道を通って道玄坂、宮益坂を上り下りする。盆と暮れに半年の下肥代（一〇円二五銭）を前払いした。当時、森家には当主夫妻（夫四五歳）と長男（一五歳）がいたが、当主は村政に多忙で、農業を実質的に担っていたのは年季奉公人一名、日雇奉公人（男五名、女三名）である。[21]使用量から下肥運搬に月五〜一〇日を要したと推測され、奉公人たちが運んだのだろう。

路上の衛生を保つため、肥桶運搬の際には蓋をするように定めた布告が明治五年（一八七二）に東京府より出されている。[22]東京市部の人口増加は近郊農民の肥料入手を容易にした。[23]那須も次のように述べている。

此辺でも此が為に肥料および産物の運搬力を増したことは非常なもので、為に集約な疏菜農法を成立たしむる素地を作った。次に言ふべきは道路の改良である。最初は一車に二荷の肥料を積んだのが、路が良くなってからは三荷四荷と積んだ。而《しか》も肥桶は昔は二斗入であったのが二斗八升入になった。是は郊村の農業に取っては誠に重大なる変遷であった。此の如くにして疏菜生産は大なる進歩をした。

荷車利用によって、農地への「肥料投入量」が増加し、「野菜の生産量」が増加した。那須が言うところの「経済革命」とは、荷車利用によって村落と都市部が結びつき、「肥料投入量」と「野菜の生産・販売量」が効率的に連動するようになり、「経済の好循環」が生まれたことをいう。

経済革命と生活

『不如帰』で知られる小説家の徳冨蘆花は明治四〇年（一九〇七）に東京西郊の千歳村（現在の世田谷区の一部）に住むようになった。甲州街道沿いに東京市中へ「不浄取り」に行く人々の様子を次のように綴っている（『みみずのたはこと』(24)）。

此辺の若者は皆東京行をする。此辺の「東京行」は、直ちに「不浄取り」を意味する。東京を中心として、水路は別、陸路五里四方は東京の「掃除」を取る。荷車を引いて、日帰りが出来る距離である。荷馬車もあるが、九分九厘までは手車である。ずッと昔は、細長い肥桶で、馬に四桶附け、人も二桶担って持って来たが、後、輪の大きい大八車で引く様になり、今は簡易な荷車になった。彼の村では方角上大抵四谷、赤坂が重《おも》で、稀には麹町まで出かけるのもある。弱い者でも桶の四つは引く。少し力がある若者は、六つ、甚しいのは七つも八つも挽く。一桶の重量十六貫とすれば、六桶も挽けば百貫からの重荷だ。あまり重荷を挽くので、若者の内には眼を悪くする者もある。

股引《ももひき》草鞋《わらじ》、夏は経木真田《きょうぎさなだ》の軽い帽、冬は釜底《かまぞこ》の帽を阿弥陀にかぶり、焦茶《こげちゃ》毛糸の襟巻《えりまき》、中には樺色《かばいろ》のあらい毛糸の手袋をして、雨天には簑笠《みのがさ》姿で、車の心棒に油を入れた竹筒をぶらさげ、空の肥桶の上に、馬鈴薯《じゃがいも》、甘藷《さつまいも》の二籠《かご》三籠《かご》、焚付疎朶《そだ》の五把六束、季節によっては菖蒲や南天小《なんてんこ》菊《ぎく》の束なぞ上積みにした車が、甲州街道を朝々《あさあさ》幾百台となく東京へ向ふて行く。午後になると、両腕に力を入れ、前俛《かが》みになって、揉みあげに汗の珠をたらして、重さうに挽いて帰って来る。上荷には、屋根の修繕に入用のはりがねの二巻三巻、棕櫚《しゅろ》縄の十束二十束、風呂敷かけた遠路籠の中には、子供へみやげの煎餅の袋も入って居やう。かみさんの頼むだメリンスの前掛も入って居やう。或は娘の晴着の銘仙も入って居やう。（中略）其等の車が陸続として帰って来る。東京場末の飯屋に寄る者もあるが、多くは車を街道に片寄せて置いて、木蔭で麦や稗の弁当をつかふ。夏の日ざかりには、飯を食ふたあとで、杉の木蔭にぐうぐうと寝て居る。荷が重いか、路が悪い時は、弟や妹が中途まで出迎へて、後押して来る。

肥料投入が近郊の農業生産を促進したが、それは個々の農民が飯屋にも立ち寄ることなく木蔭で弁当を食べて、重い肥料桶を積んだ荷車を曳く勤勉な労働によって実現するものであった。メリンスの前掛け、銘仙の着物を購入する余裕はあったが、農民の「経済革命」とは何とつつましいものであったことだろうか。

3　街はずれの立ちん坊

軍隊と道玄坂

明治三〇年代、東京西郊に軍事施設が増加していった。東京には近衛師団と第一師団の二個師団が配置されていた上、陸軍を統括する中央機関（参謀本部）や諸機関（陸軍大学校など）があり、全国の他都市に比べて兵員数も軍事施設も多かった。明治二〇年代の軍備増強により在京の軍事諸施設は狭小となり、東京西部への移転が進んだのである。

　表22のように、大山道沿道には明治三〇年設置の駒沢練兵場を契機に、諸施設が集中するようになり、兵営も配置された。部隊や将校が青山・赤坂周辺の軍施設と駒沢の間を頻繁に往復し、大山道を往来する軍関係の通行量が増加した。

　大山道は農民、商人が荷車を曳いて往来する上に、宮益坂、道玄坂は急坂で、そこに軍隊の通行が加わって混雑し、事故が起きた。宮益坂には敷石の間にすべり止めの丸太棒を埋め込んであったが、陸軍の砲兵連隊も坂をあがるのに苦労した。坂道をずり落ちた荷車は坂下の足袋屋に突っ込んだ(25)。道玄坂では荷車と軍馬が衝突する次のような事故があった(26)。

　中渋谷村百五十四番地薪炭商平松寅次郎の雇人・伊藤源蔵は一昨日午後五時ごろ、荷車を曳きて道玄坂を下るとき、荏原郡目黒村陸軍（騎兵）実施学校の馬丁・北原円蔵が乗馬して馳せ来たるに衝突せし機会に、源蔵が倒れると其上に馬が倒れ、また円蔵も落馬して、人間は二人とも頭部面

所在地	現住所
荏原郡世田谷村	世田谷区池尻
荏原郡世田谷村 荏原郡駒沢村 荏原郡世田谷村	世田谷区池尻 世田谷区池尻 世田谷区桜
荏原郡駒沢村 荏原郡駒沢村 荏原郡世田谷村	世田谷区池尻 世田谷区池尻 世田谷区太子堂
荏原郡世田谷村	世田谷区代沢

表22　大山道の軍事施設

	施　設　名	設　置　年
陸　軍　省	駒沢練兵場	明治 30（1897）
第一師団	騎兵第二旅団　騎兵第一連隊	24（1891）
	野戦重砲兵第三旅団　野砲兵第一連隊	31（1898）
	自動車隊	
近衛師団	野戦重砲兵第四旅団司令部　近衛野砲兵連隊	31（1898）
	同司令部　野戦重砲兵第八連隊	32（1899）
	東京第二衛戍病院	33（1900）
陸　軍　省	陸軍獣医学校	42（1909）

出典：［武田 2012，50-51 頁］

部に傷を受ける、馬は前足の関節を脱臼したる騒ぎに、新宿署より係官が出張し（後略）。

人も馬も荷車も折り重なる惨事になった。先立つ明治三三年（一九〇〇）に道玄坂は道路改修で道幅が広げられていたが、坂道の事故は跡を絶たなかったようである。

渋谷の立ちん坊

近在の農家から野菜を運ぶ荷車の往来が増えると、道玄坂や宮益坂の坂下には立ちん坊の姿が見られるようになった。ちょうど渋谷川にかかる橋のあたりで、二つの坂にはさまれた谷底にあたる。現在の渋谷駅周辺である。明治三〇年代前半には荷車の後押しで一～二銭を貰っていたという(27)。道玄坂を上り下りする苦労と、立ちん坊の助けが不可欠だったことが次のように綴られている(28)。

年の若い車力さえこの坂へかかれば、坂下に屯して「立ちん坊」と呼ばれ、それを稼業と心得て僅かな駄賃でその日暮しをしている男達に五銭玉をはずんで、「おい、おっさん、一と押し頼むぜ」と、その力を借りなければ、坂が登れなかった。（中略）この街道の奥にある世田谷在のお百姓は夜明けを待って市場に野菜を引き出すが、宮益坂の青物市場に荷を納めるには、やはりこの坂を通らなければならなかった。登りに苦労するこの坂は、重荷を積んだ車を曳いての下りでも相当骨が折れた。急勾配のため、前のめりになる体をぐっと後にそらし、胸のあたりまで上げた梶棒で重心をとりながら背にかかってくる重量を、うんと突っぱった両足で踏みこらえ、じりじりと降りて来なければ、何んのはずみで滑り出してしまうかわからない。無事に坂を降りて来た車は、宮益坂を前にして、ここでも一息入れた。そして青物市場で野菜をぜにに替えると、再びこの坂下へ車を止めて、女房からの頼まれ物や子供達のみやげ物を買って帰るのであった。

明治四二年（一九〇九）に町制に移行し、道玄坂一帯は渋谷町になったが、東京市内からみると市部・郡部の境界のあたり、いわゆる「場末」にあたる。立ちん坊が出現していたのは場末の谷底であった。

東京西郊の変化

明治四〇年代に東京西郊の人口が増加した理由について、那須は次のように述べる(29)。

更に地価昂騰の勢を助けたのは明治四十年の練兵場買上げであった。（中略）此形勢に由って促されたものは、一般に利息で食おうとする思想と土地投機の気風である。後者は外からも入込めば内にも起った。従って村中に精農と言う者少なく、植木屋が多くなる。新宅は多く荒物屋や牛乳屋となり、或は家作を持って家主となろうとする資産家もある。利口な者は周旋屋になって安楽な生活をする。殊に牛乳搾取業の増加は著しいものがある。始めて出来た明治三十三年には牛六頭であったのが、三十八年には九箇所百九十七頭、大正二年の末には二十箇所五百七十四頭となった。

日露戦争後、練兵場を代々木に移転させる計画が立てられた。西郊の地価は上昇し、土地売却を見込んで、農民の土地改良や農業生産意欲は減退した。次世代は手間がかかる農作物ではなく、植木業や搾乳業（飼料栽培）など扱いやすい品目に移行した。地付農民層の分解が進行したのである。

練兵場の設置と併行して、宅地化が進んだ。郷土会の報告から一〇年後、那須は東京西郊について次のように記している。(30)

私が此話を郷土会でしてから、既に十年に垂《なんな》んとする。此間に代々木は、十年を一昔と云ふ古語の人を欺かざることを証するやうな変り方をして居る。今日の代々木は最早純然たる郊外ではない。それは渋谷、新宿等と手を連ねて帝都に面し、之と呼吸脈拍を共にする所の大東京の一部である。田は埋められ、畑は均らされ、菜田麦圃の跡には、文化式住宅の赤尾根が連つて居る。長閑な雲雀の声や、麦の棒打ちの唄に代つたものは、乗合自動車の警笛である。昔十二鍬の腕前を誇った村の若衆は、今や地所成金として洋服を着け、金歯を光らして、会社事業などに関係して居る。植木屋の職人が何時の間にか仕事師の頭となった。あちこちに商店が軒を並べる。小学校が出来、幼稚園が出来る。その学童の大部分は、朝夕帝都によりて呑吐せらる勤人の子供である。大正三年（一九一四）から大正一三年（一九二四）の間に起きた代々木の変貌である。農家は「植木屋になり、宅地地主となり、其の息子の義満君は金歯を口一杯に入れて町会議員になった」(31)。金歯の町会議員とは下宿した加藤家の息子である。荷車による農業の「経済革命」のあと、代々木は軍用地拡大による地価上昇で、「金歯」を入れた「成金」議員が跋扈する展開になった。

夜明けの荷車

東京西郊の青梅街道にも立ちん坊がいた。そのことを記しているのは井伏鱒二《いぶせますじ》である(32)。井伏は昭和二年（一九二七）に荻窪に引っ越した。土地の古老に大正末期の暮らしを聞き、遠くの「音」の伝わり方が違っていた話を心に留めた。品川の岸壁を出港する汽船のボオーッという汽笛の音が青梅街道の鳴子坂あたりまで聞こえたという。

青梅街道は、新宿追分で甲州街道と分岐し、青梅へ至る道である。新宿から西に向かうと神田川を渡るあたりが鳴子坂（成子坂）下で、そこを越えると中野坂上、そして荻窪にいたる。その鳴子坂まで品川の汽笛が聞こえたという。立ちん坊がいたのはその鳴子坂下である。

古老が鳴子坂で汽笛を聞いたのは夜明けで、野菜を荷車で運んでいるときであった。荻窪近辺の農民は大根や白菜を栽培し、京橋や神田の青物市場に出荷した。土から抜いた大根を千川用水で洗い、夕方から積荷を始めて、一二〇貫超（約半トン）も積み上げた。そして真夜中に荷車を曳いて出立した。夜業であるが、都心の市場に朝五時前に納めないと売れないからである。荷車は三台ほど連れ立ち、家族の誰かが道明かりの提灯をかかげた。夜明けに鳴子坂あたりで汽笛を聞き、内藤新宿あたりで白々と夜が明けた。汽車はあったが一〇銭かかるので、提灯持ちはここから荻窪へ歩いてもどった。二時間もかかる道のりである。(33)家族同伴で力を合わせて荷車を押す光景は、沿道の人々には見慣れたものであったらしく、次のように描写されている。(34)

大正八年頃の青梅街道は、道幅が六間（一一メートル）位ありましたが、一面に草が生い茂り、中程に大八車が一台やっと通れる位の幅で砂利が撒いてありました。路面は荷車の車輪で堀られた穴だらけのガタガタ道でした。荷車がすれ違う時、柔かい草地にめり込むと、上げるのに一苦労したものです。毎朝一時頃から三時頃までの間、野菜を積んだ荷車を、御亭主が梶棒を取り、嫁さんが後押しして四谷、数寄屋橋、京橋、本所の青物問屋へ売りに行くのを見受けました。雨が降ると、ぬかるんで荷車が立往生し、二、三丁先の畑に居るお百姓さんに助けを求めたものです。当時は悠長なもので、気持ち良く手伝ってくれ、その上「この先に大きなぬかるみがあるから、そこまで押してやるよ」と言ってくれたものです。

つましい農民は手軽に立ちん坊を頼んだわけではなく、家族の補助労働力がおよぶ限りは自助努力で臨んでいたのである。

青梅街道の立ちん坊

帰り道は肥桶を積んで重く、鳴子坂で立ちん坊に後押しを頼んだ。神田川が台地を削って流れており、やはり街はずれの場末、谷底である。一回五厘から一銭程度だったが、大正初期に二〜三銭をとるようになった(35)。第一次大戦後、立ちん坊も賃上げしたのである。

井伏が古老に聞いた話では、井荻村で大八車の輪金の車輪がゴム製四輪に変わったのは大正一三〜一四年（一九二四〜二五）頃だという。茶色の朝鮮牛に牽かせ、さらに馬に牽かせるようになった。大正一四年、井荻村に荷馬車が四六台あり、井伏は「運搬器具に変革が起った」と記す(36)。

関東大震災後、大正一四年頃が東京郊外の農村で人力の荷車から、馬力の荷馬車に転換していった時期であるといえよう。那須が記した荷車の技術革新による「経済革命」段階は、農村で五〇年ほど持続したのち、大正末期にゴム車輪・馬力による運送段階へ移行していった。

終章　近代都市と物流——経済圏の拡大と動力——

1　市場交換と荷車

都心商業地の交易

近代以前に荷車の使用が認められていたのは江戸、大坂など遠隔地との交易が活発な商業都市であった。遠隔地との間は水運で輸送されたが、船で大量の物資が搬入され取引された。物流を遅滞させない効率的な短距離用の運搬具を必要とした。

本書序章で、明治初期に来日した外国人の目に留まった荷車の光景を紹介したが、それらは横浜居留地または東京周辺で見かけたものであった。横浜開港によって外国からの物産が荷揚げされ、居留地は交易がさかんな商業地になった。物流が活発で荷物を満載した荷車が外国人の目にとまる機会も多かったことだろう（図42）。外部資源の流入がさかんな都心商業地で重宝された荷車は、資源の活

図42　横浜の商業地と荷車
上＝「神名川横浜新開港図」五雲亭貞秀筆，万延元年（1860），下＝「横浜港仏蘭西商館之図」歌川芳員筆，慶応2年（1866）（ともに神奈川県立歴史博物館所蔵）

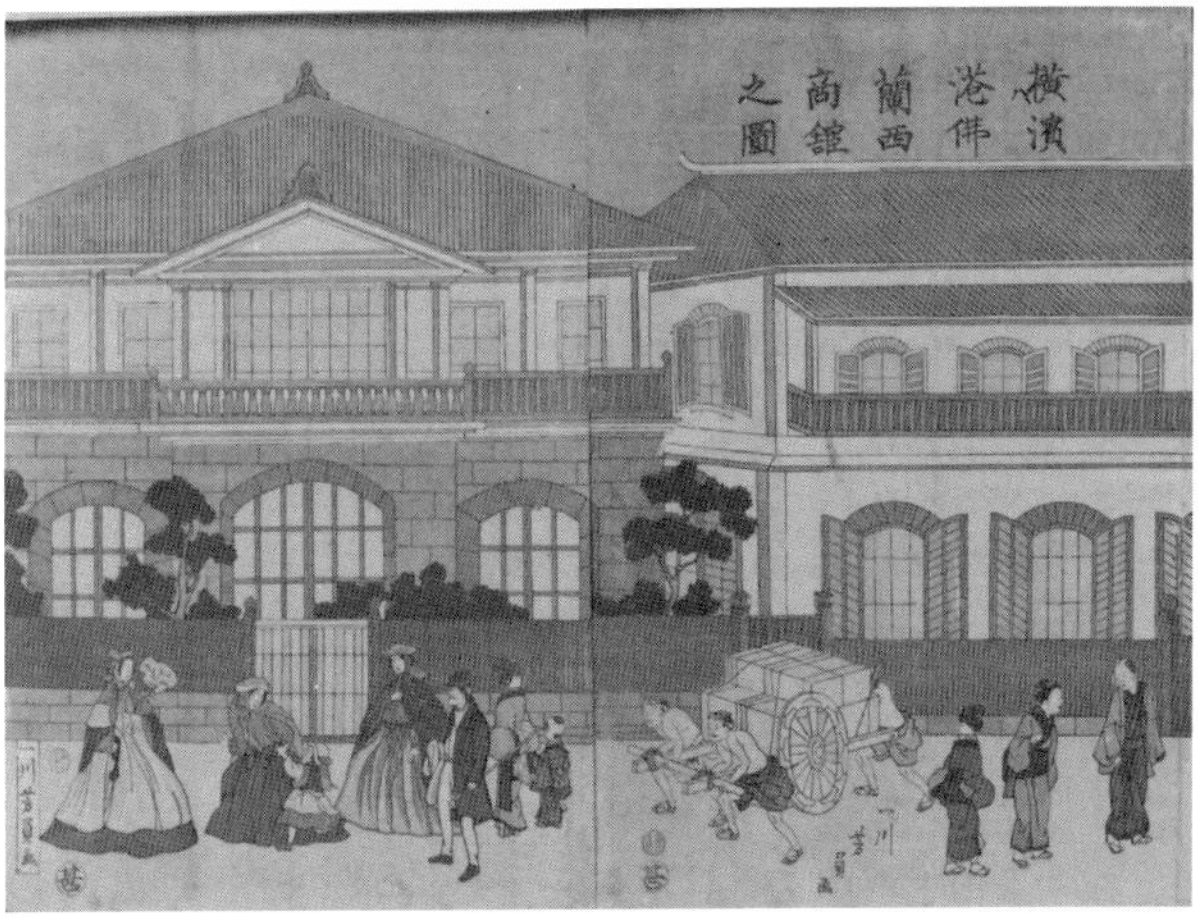
横濱港佛蘭西商館之圖

発な交換を支える「媒介手段」の一つであったといえる。

近郊村落の経済革命

近代になって車輌の技術革新により積載量を増した荷車は、郊外村落でも有用な運搬具として効果を発揮し始めた。かつては江戸近郊とはいえ、村落の限られた範域のなかで資源を循環させ、肥料が充分とはいえない環境で育てた野菜を自家消費していた。媒介手段が発達しなければ、生産地は市場につながらない。

荷車の改良で、那須が「経済革命」と評したように、都市・村落間で野菜と肥料の市場交換を効率的に行うことができるようになった。閉鎖的だった村落の暮らしは、改修された道路を往復する荷車を通して、都市部の市場に接続していった。大型化した荷車の「媒介」によって近郊村落は都市部の「市場経済」「資源交換」のしくみに組み込まれていったのである。近郊村落を後背地とし、都市の経済圏は拡大・広域化していった。

都市部と近郊の経済的連関

荷車は「都心の商業地」と「郊外村落」という異なる性格をもつそれぞれの地理的空間で、異なる社会集団によって使用されていた。「市場交換」の視点で荷車の意義をとらえると、市場をめざして物資が運搬されていくようになり、近世には自足的だった近郊村落が都市部の市場経済の構造につながっていくプロセスがみえてくる。村落と都市の結びつきを強める「媒介手段」は、荷車だけではなく、多様なルートや方法があった。荷車はそのなかの一つとして、資源が広域で循環し、資本が蓄積される近代都市の形成に寄与したのである。

2　物流と周縁的労働力

車輌と動力

積載量の増加、速度向上への社会的要請は常にあり、人力から馬力へと効率的な動力が求められるようになっていった(1)。陸軍が輜重車輌として二輪の荷馬車の導入を検討し始めたのは明治二〇年代前半で、実戦に投入したのは日清戦争時である（第六章）。さらに、日露戦争では機動力を向上させた四輪の荷馬車へと切り換えていった。軍事的利用では明治二〇年代後半に馬力へ移行したといえる。

民間においても同時期に荷馬車は使用されていたが、普及するまでに軍事的利用とのあいだに時間的ラグがあった。表23は明治三五年（一九〇二）の東京府各地域の車輌数である。圧倒的に荷車の数が多く、荷馬車の二八倍余である。明治年間はまだ荷車の利用が一般的だったと言えよう。馬力に移行したのは、近郊農村の場合、井伏が記しているように大正末期頃だったようである。

表23　東京府の荷車と荷馬車数（明治35年）

郡区名	荷　車	荷馬車
麴町区	1,699	5
神田区	7,152	10
日本橋区	8,674	36
京橋区	6,136	31
芝区	5,301	59
麻布区	1,796	6
赤坂区	1,224	1
四谷区	1,438	1
牛込区	2,113	4
小石川区	1,308	19
本郷区	2,855	15
下谷区	4,232	21
浅草区	7,743	11
本所区	6,358	10
深川区	3,804	21
荏原郡	8,074	570
豊多摩郡	5,498	1,194
北豊島郡	7,908	696
南足立郡	3,749	166
南葛飾郡	4,670	144
西多摩郡	4,502	334
南多摩郡	5,288	251
北多摩郡	9,128	384
合　計	110,650	3,839

出典：『明治35年東京府統計書』より武田作成.

以上のように荷車が急速に普及した明治一〇年前後から、大正末期までのおおよそ五〇年間ほどが荷車の全盛期で、立ちん坊が不可欠だった時期といえよう。

動力の維持・管理

馬力運送業という職種が登場し、荷馬車を操るのは都市ではおもに馬を飼っている専門業者、村落では農耕馬を飼育している農民になった。荷馬車を馬に曳かせるには、調教の手間がかかることは陸軍の導入実験でも述べられていた通りである。

市街地で馬を飼うには衛生問題（排泄、悪臭、いななき）や、良質の馬を効率的に入手する方法等の課題があり、馬力運送業者は集団化、地域的に集中化するようになっていった。つまり、厩舎を建てて特定の地域にかたまって住むようになったのである。代表的な立地場所として東京では城東（砂町、亀戸、大島）、池袋（池谷戸）があった。(2)

挽き馬に適する馬匹を判別し、飼育・管理するのは難しい仕事であった。岩手県や福島県など馬の産地へ出向いて買い付けたとしても、「馬喰」など仲買人の巧みな口車にのせられて失敗することが多かったという。馬匹は荷馬車を曳かせてはじめてその性質や能力がわかるものであった。馬力運送業者が的確と見抜いた馬を繁殖させて、相互に融通するほうが効率的であった。また、馬は生き物なので、坂道で操作を誤ると足を傷めて運送に使えなくなったり、一夜にして死亡したりするなどリスクがあった。挽き馬は高価で、馬力運送業者にとっては「生き物」特有の事態、つまり怪我や病気に対処できるように相互扶助、協力、経験の交流ができる隣接居住が経済的かつ安全であった。集団化していると、馬力運送業者の親族など馬夫の希望者にとっても目的地が明確でリクルートが容易となり、馬の扱いに関する知識・経験が蓄積しているので馬夫の養成にも適していた。(3)

つまり、馬力運送業者の集団化が示すことは、動力源の確保や、維持・管理にはコストを要するということである。この点を考慮したとき、荷車の補助労働力が必要なときに、「坂下」にいて声をかけるとすぐに調達できる立ちん坊の労働力は便利だったといえる。馬の飼育は手間がかかる。立ちん坊は自力で動き、自活している。維持・管理まで視野にいれ、動力確保のコストを考慮すると、再生産の活動を自前で行う人的労働力にはそれなりの利点があったのだろう。

動力利用の条件

のちの時代のことになるが、自動車による運送が可能になっても、昭和初期には道路状態が良いとはいえず、自動車の速度を最大限に引き出すことはできなかった。積載量があまり変わらない荷馬車と自動車では、自動車運送に必ずしも利点があったわけではない。自動車、荷馬車、荷車の速度を比較すると、自動車が最も優位であるにも関わらず、基盤整備が一定水準に達していないと、それぞれの運搬具の利点を生かすことができなかった(4)。すなわち動力の利用には、動力源のエネルギー効率の優劣以外に、維持管理コスト、諸施設の基盤整備など、複雑な社会条件が重層的に影響する。

荷車の曳き手は自分または家族の労働力を使った。坂道で推進力が不足したとき、立ちん坊などの周縁労働力を簡便かつ低賃金で調達できるような社会環境になっていると、それに依存しがちになったのかもしれない。荷馬車と荷車が併存していたにもかかわらず、人力に頼る荷車の時代が民間で意外に長く続いたことには、それなりの理由があったといえよう。

3　荷車をめぐる経済的課題と道徳的問題

苦汗労働へのまなざし

しかし効率性・利便性とは次元の異なる問題として、荷役の苦汗労働を同等であるはずの人間に強

図43　汐留駅近傍（昭和5年（1930），平原直撮影，物流博物館提供：流通経済大学寄託資料）

いてよいのかという道徳的懐疑は存在した。

昭和期に荷役労働の改善に取り組んだ平原直という人物がいた。[5] 昭和四年（一九二九）に日本通運の前身である国際通運株式会社に学卒社員として入社し、東京市内の各駅に入っていた運送会社を合同化する仕事を任された。昭和五年頃に各駅で貨物ホームの積み卸し作業や、荷車、荷馬車の作業実態を調査して回ったという。そこで忘れられない光景（図43）をみたことが、荷役労働の改善に取り組むきっかけになったという。戦後に日本通運を退社して、荷役研究所を設立し、運送業界で荷役の機械化と指導に取り組む指導者になった。貨物駅の汐留《しおどめ》駅のホーム下で平原がみた光景は次のようであった。[6]

（現場作業をしていた）仲仕さんたちが、

裸になったところをみると、肩には大きなコブができており、（中略）彼等が仕事を終ってヤレヤレと家に帰って、タタミの上に腹這いになって、夕刊を読もうとすると、腹這いになれない人が沢山いることを知った。腰椎の辺に椎かん板ヘルニヤを起しているからである。これによって、半身不随となったり、命をおとす人もあるともきいた。そしてこれらはすべて、人間の生理能力の限界を超える、過重の重荷をかついだから、こうなったのだということを知った。（中略）寞夏のある日のことだった。私は日本橋の問屋街で集荷をして、汐留駅まで二㎞の昭和通りを揚荷をしている老車力夫が、たまたま炎天下のアスファルトの道路を、大八車をひいていくのを、後からつけていったことがある。車力の能率調査のためである。しかしそのときの老車力夫の、暑さと重荷と苦闘するさまを、今日になっても未だに忘れることができない。

大八車には車軸にベヤリングの装置もないから、五〇〇kg前後の荷を積むと、それだけでも車はなかなか前進しない。これが一旦炎天下の暑さで、飴のように熔けて軟らかになったアスファルト道路にかかると、向きを換えるにも、打込んだ釘を、捻じ曲げて引抜くような、執拗さの抵抗がかかる。老車力夫さんは、その抵抗と闘って必死である。車を曳いているというよりも、ノタうち廻ってもがいている。歯を喰いしぱり、目をむいて、この世の人とも思われぬ形相である。

平原の述懐は、本書冒頭に紹介した「ハーフイダ、ホーフイダ、ワーホー、ハーフイダ」と呼応する。立ちん坊の粒々辛苦のうめき声は、過去の書き物のどこにも記されていない。想像を絶する重量の荷車を押していく作業である。渾身の力を出さないと坂道を上がることはないのだから、ごまかすことはできない作業である。過去に埋もれた苦汗の声に、どのような姿勢で耳を澄ませるとよいのだろうか。

参考資料　「荷車取締規則」

出典＝〔東京都　一九九〇、六一―六四頁〕

第一章　通則

第一条　本則ニ於テ荷車ト称スルハ、貨物運輸ノ用ニ供スル諸車ヲ云フ。

第二条　諸車ニハ其所有主ノ住所氏名ヲ車体見易キ場所ニ明記スヘシ。

第三条　伝染病及狂躁病其他盲病、外傷アル牛馬ヲシテ荷車ヲ輓カシムヘカラス。

第二章　積載制限

第四条　積荷ハ車台ヨリ高サ六尺以上ニ積載スヘカラス。但、樹木其他分割スヘカラサルモノ、並藁、秣、笊等ノ如キ軽量ニシテ危害ノ虞ナキモノニ係ルハ此限ニアラス。

第五条　積荷ハ荷台ノ左右車輪ヨリ五寸以外ニ突出スヘカラス。

第六条　粉類ハ飛散セサル様装置ヲ為シ、末口ノ尖リタル物件ハ、其末口ヲ纏束シ又ハ包裹スヘシ

第七条　荷車二台以上ヲ連繋シ巨大ノ物品ヲ運送セントスル者ハ、物品所在地所轄ノ警察署ニ届出、認可ヲ受ケ左ノ章標ヲ付スヘシ

第三章　行車制限

第八条　牛車並第七条ニ掲クル荷車ハ、幅員三間以下ノ道路ヲ通行スヘカラス。但、積荷発著場並常置場ニ係ルハ此限ニアラス。

第九条　通行ノ妨害トナルヘキ場所ニ於テ車ヲ横タヘ、又ハ駐止シ、或ハ荷物ヲ積ミ卸シ、若クハ牛馬ニ芻飲セシムヘカラス。
第十条　荷車ヲ併ヘ輓キ、又ハ濫リニ疾行シテ行人ノ妨害ヲ為スヘカラス。
第十一条　荷車二輛以上連続進行スルトキハ、前車ト後車トノ間ニ間以上ノ距離ヲ取ルヘシ。
第十二条　牛馬車ニシテ一時路傍ニ停車スルトキハ、牛馬ノ奔逸セサル様繋留スヘシ。
第十三条　牛馬ノ口綱ハ三尺以外ニ執ルヘカラス。
第十四条　制止ヲ肯ンセスシテ出火場其他群集ノ場所ニ車ヲ輸入ルヘカラス。
第十五条　夜中燈火ナクシテ行車スヘカラス。
第十六条　牛馬ヲ残虐ニ使用スヘカラス。
第十七条　車道ノ設ケアル場所ハ左側、其設ケナキ場所ハ中央ヲ通行スヘシ。
第十八条　車馬及歩行者ニ行逢フトキハ左ニ、軍隊並輜重車ニ行逢フトキハ右ニ避譲スヘシ。
第十九条　実車ニ対シテハ空車之ヲ避ケ、阪路ハ上リ車又ハ空車ニ於テ避譲スヘシ。
第二十条　前車ニ先チ後車進行セントスルトキハ後車ヨリ掛声ヲナシ、前車ハ左ニ避ケ、後車ハ右ヲ通過スヘシ。
第二十一条　郵便用消防用ノ馬車及撒水車、又ハ葬儀ニ行逢フトキハ避譲スヘシ。
第二十二条　街角通行ノ際、右折ハ大廻りヲナシ、左折ハ小廻リヲナスヘシ。
第二十三条　荷馬車ノ駅者ニ在テハ尚ホ左項ノ制限ヲ遵守スヘシ。
（以下、省略）

注

〔　〕付きの文献は、編著者名、出版年、頁数を表わし、書名等は参考文献の欄に掲げた。

序章

（1）〔ギメ　一九七七、二四頁〕
（2）〔ギメ　一九七七、二四頁〕
（3）〔モース　一九七一、一一頁〕
（4）〔モース　一九七〇b、九―一〇頁〕
（5）〔モース　一九七〇a、二五四頁〕
（6）〔渡辺　二〇〇五、一六七―一七二頁〕
（7）〔バード　二〇〇〇、三三―三四頁〕

第一章

（1）〔柳田国男研究会編　一九八八、四二二頁〕
（2）〔ギメ　一九七七、二三頁〕
（3）〔東京都総務局公文書館　一九八七〕
（4）〔渡辺　一九九一〕
（5）〔渡辺　一九九一、三〇―五八頁〕
（6）〔渡辺　一九九一、二五―五八頁〕

（7）［松村 一九四二a・一九四二b］
（8）［東京都総務局公文書館 一九八七］
（9）児玉幸多編『近世交通史料集三 御馬方旧紀』［松村 一九四二a・一九四二b］
（10）『東京市史稿』市街篇第一四、『柳営日次記』『常憲院殿御実紀』
（11）［高柳 一九二八］
（12）［東京都総務局公文書館 一九八七］
（13）喜田川守貞『近世風俗志』（守貞謾稿）、岩波書店、二〇〇二年、宇佐美英機校訂
（14）［松村 一九四二a・一九四二b］
（15）東京都公文書館所蔵資料「市中取締類集 立商人并荷車日傘之部」（ck-101）
（16）「幕末期の大名屋敷」『下町文化』二五〇、六―七頁、江東区地域振興部
（17）東京都公文書館所蔵資料「市中取締類集 立商人并荷車日傘之部」（ck-101）、「飯倉町清兵衛外弐人願町内荷積車牛車通行取締方之義之付調」
（18）東京都公文書館所蔵資料「市中取締類集 立商人并荷車日傘之部」（ck-101）、「飯倉町清兵衛外弐人願町内荷積車牛車通行取締方之義之付調」「乍恐以書付御願御訴詔奉申上候」
（19）東京都公文書館所蔵資料「市中取締類集 立商人并荷車日傘之部」（ck-101）

第二章

（1）［増田 二〇〇九、二四四―二四六頁］
（2）［増田 二〇〇九、二六〇―二六六頁、三二三―三五二頁］
（3）［山本 一九七八］［松好 一九七一］

（4）〔山本 一九七八〕
（5）〔勝田 二〇〇三、一五九―一九三頁〕
（6）〔松好 一九七一、三四〇―三四五頁〕
（7）〔山本 一九八六、六六頁〕
（8）〔斉藤 二〇一四、八二―八五頁〕、東京都公文書館所蔵資料「法令類纂・巻之五五、諸税部・下」明治四年五月二四日、八月一八日（632-B3-04, 632-C3-50）。東京都、一九六一、『東京市史稿 市街篇第五一』、九八三―九八四頁、「政府へ建白伺願禄」
（9）東京都公文書館所蔵資料「院省往復・第一部、土木」明治六年（606-D3-09）
（10）〔東京都 一九六三、五九一―五九三頁〕
（11）東京都公文書館所蔵資料「院省往復・第一部、土木」明治六年（606-D3-09）
（12）『内務省第一回年報 四』土木寮（明治八年七月〜明治九年六月）
（13）『内務省第一回年報 四』土木寮（明治八年七月〜明治九年六月）
（14）〔井上馨侯伝記編纂会 一九三三、一四九―一五二頁〕
（15）〔農商務省農務局 一八九一、九頁〕
（16）〔農商務省農務局 一八九一、四〇頁〕
（17）〔井上馨侯伝記編纂会 一九三三、一四九―一五二頁〕
（18）『太政類典』明治八年二月二〇日「太政官第二七号布告」、七月二〇日「車税規則中荷積車区別」
（19）明治九年八月二九日公布「東京府 甲第八十六号」、一〇月一七日公布「東京府 乙第六十四号」
（20）読売新聞、明治一一年二月一四日
（21）〔井上 一八七五、二五―三一頁〕

(22)〔ネットー&ワーグナー 一九七一、一七七頁〕
(23)〔ブスケ 一九七七、九八頁〕
(24)〔バード 二〇〇〇、三一二―三一四頁〕
(25)読売新聞、明治一七年一月一〇日
(26)〔渡辺 二〇〇五、三八八―四二六頁〕
(27)〔クラーク 一九六七、一四五―一四六頁〕
(28)〔警視局 一八七九、五三頁〕〔東京都 一九六九、九三五頁〕
(29)〔東京都 一九九〇、六一―六四頁〕

第三章

(1)〔谷釜 二〇〇七、一九九頁〕
(2)農商務省「農商工公報・号外」〔斉藤 二〇一四、一五五―一五六頁〕
(3)〔職業紹介事業協会 一九三六、五九―六四頁〕
(4)〔農商務省山林局編 一九一二〕
(5)〔職業紹介事業協会 一九三六、五九―六四頁〕
(6)〔静波伝統技法研究社 二〇一六、一九頁〕
(7)読売新聞、明治九年八月一九日
(8)〔農商務省山林局編 一九一二〕
(9)読売新聞、明治一一年二月一四日
(10)読売新聞、明治一九年一二月二四日

(11) 読売新聞、明治三四年一二月二八日
(12) 読売新聞、明治二四年八月八日
(13) 農商務省「農商工公報・号外」［斉藤 二〇一四、一五五―一五六頁］
(14) 明治一八年編集の『東京商工博覧絵』
(15) 読売新聞、明治二三年六月二五日、［斉藤 二〇一四、一九五―二〇三頁］
(16) 読売新聞、明治一二年八月一日
(17) 読売新聞、明治一九年一〇月六日
(18) 東京都公文書館所蔵資料　「明治二十七、八年戦役ニ関スル兵事事務書類、徴発事務ニ関スル部」「陸軍省軍務局馬政課、騎発第一二一号」明治二七年七月一九日への東京府内務部回答資料（621-B6-02）
(19) ［警視庁第一部　一九〇〇、二八―三一頁］
(20) ［職業紹介事業協会　一九三六、五九―六四頁］
(21) 東京都公文書館所蔵資料　東京府勧業課丙一三三号、「第二七号　荷車発売願　桜井平四郎」明治一四年二月七日（611-D8-06-027）、「坂路荷車販売願　桜井平四郎」明治一四年（611-D8-06-030）
(22) 東京都公文書館所蔵資料　東京府勧業課「回議三七号」明治一四年三月七日（611. D8. 06. 027）
(23) 東京都公文書館所蔵資料　警視庁、一一〇七号明治一四年三月一一日（611. D8. 06. 027）
(24) 東京都公文書館所蔵資料　東京府勧業課「回議五二号」明治一四年三月一一日（611. D8. 06. 027）
(25) 東京都公文書館所蔵資料　東京府勧業課丙三八一号「第三〇号　坂路荷車販売願　桜井平四郎」明治一四年三月二六日（611. D8. 06. 030）
(26) 読売新聞、明治一四年四月一四日
(27) ［吉田編　一八八一、三〇頁］

(28)〔モース 一九七〇a、五七頁〕
(29)〔モース 一九七〇b、二二四頁〕
(30)〔モース 一九七〇b、六五頁〕
(31)〔モース 一九七〇b、一〇二―一〇三頁〕
(32)〔モース 一九七一、一二三頁〕
(33)〔農商務省山林局編 一九一二、二五三頁〕
(34)〔十河編 一九三四、三八一頁〕
(35)〔武田 二〇一七、五―六頁〕
(36)〔森永製菓株式会社 二〇〇〇、四四頁〕

第四章

(1)〔石田 二〇〇四、三七―一一五頁〕〔藤森 一九九〇、八九―二五七頁〕〔越澤 二〇〇一、一六―三七頁〕
(2)〔藤森 一九八八、一〇頁〕
(3)『東京市区改正並品海築港審査議事録筆記』
(4)読売新聞、明治一六年一月一四日
(5)読売新聞、明治一六年一月二五日
(6)読売新聞、明治一九年一二月七日
(7)〔高村 一九三四〕
(8)読売新聞、明治八年三月九日
(9)読売新聞、明治一五年一一月二六日

(10)『東京市区改正並品海築港審査議事録筆記』第三号、六三頁(明治一八年三月一〇日)
(11)[藤森 一九九〇、八九―二五七頁]
(12)「雨夜譚会談話筆記」第二七回、昭和四年(『渋沢栄一伝記資料』第二八巻、昭和四年)
(13)[藤森 一九九〇、八九―二五七頁]
(14)『東京市区改正並品海築港審査議事録筆記』第三号、五一―五五頁(明治一八年三月一〇日)
(15)[尾村 一九八四、一一九―一二三頁]
(16)『東京市区改正並品海築港審査議事録筆記』第三号、五一―五五頁(明治一八年三月一〇日)
(17)[藤森 一九九〇]
(18)東京都公文書館所蔵資料「明治二一年願伺届禄、組合規約」(617-A4-12)。東京都、一九八三、『東京市史稿 市街篇第七四』、三七五―三七六頁、「荷物運搬営業組合設立願」神田区皆川町 山田卯吉、外四十九名(明治二一年二月二四日)
(19)東京都、一九八三、『東京市史稿 市街篇第七四』、三七六―三七七頁、「荷物運営業組合願」神田区皆川町 山田卯吉、外百七十三名(明治二一年四月二八日)
(20)東京都、一九八三、『東京市史稿 市街篇第七四』、三七六―三七七頁、「荷物運営業組合願」口諭案、東京府(明治二一年五月一日)
(21)『官報 第一四九二号(明治二一年六月二一日)』内閣官報局、二一五頁。東京都、一九八三、『東京市史稿 市街篇第七四』、三七七―三八五頁、「東京荷物運搬請負業組合設立願」神田区皆川町山田卯吉、外四十七名(明治二一年六月八日)
(22)東京都公文書館所蔵資料「明治二一年願伺届録、荷車運輸請負業組合取締人名届下戻之受書」(617-A4-11)
(23)樋口一葉『日記』「塵之中」、明治二六年八月一〇日記事

(24)［藤井 一九八一、一八九—二一〇頁］［青木 一九九六、八—一一頁］
(25)［小林談 一九五九］
(26)［松好 一九七一、三四〇—三四五頁］
(27)読売新聞、明治二四年七月二日

第五章

(1)［横山 一八九九＝一九四九、三三—四〇頁］
(2)読売新聞、明治二一年八月二四日
(3)［横山 一八九九＝一九四九、三三—四〇頁］
(4)［横山 一八九九＝一九四九、六二—六八頁］
(5)［横山 一八九九＝一九四九、六二—六八頁］
(6)朝日新聞、明治三〇年一二月五日
(7)読売新聞、明治二五年一〇月一六日
(8)［横山 一八九九＝一九四九、三三—四〇頁］
(9)［横山 一八九九＝一九四九、六二—六八頁］
(10)『官報 第一七二九号(明治二二年四月九日)』内閣官報局、七九頁
(11)読売新聞、明治三六年二月七日
(12)読売新聞、明治四四年六月一四日
(13)［横山 一八九九＝一九四九、四〇—四三頁］
(14)朝日新聞、明治三〇年一二月五日

(15) 読売新聞、明治三一年一二月一日
(16) 読売新聞、明治三二年一月四日
(17) [尾村 一九八四、四九―五三頁、一三九―一四五頁]
(18) [東京市社会局 一九二三]
(19) 読売新聞、明治二六年三月一六日
(20) [松平 二〇〇一]
(21) 読売新聞、明治三二年一〇月一一日
(22) 読売新聞、明治三五年三月一〇日
(23) [東京市社会局 一九二三、六四頁]
(24) 読売新聞、明治三六年八月三〇日
(25) 読売新聞、明治三三年一一月一九日
(26) 読売新聞、明治三九年三月二八日
(27) [東京市社会局 一九三九]
(28) 婦女新聞、大正一三年一〇月二六日
(29) 読売新聞、明治四四年七月九日

第六章

(1) 国立公文書館所蔵資料　公文類聚・第九編・明治一八年第六巻・兵制「輜重局ヲ置ク」
(2) 防衛研究所所蔵資料　陸軍省大日記、明治一三年六月七日、「輜重旗備付の伺」
(3) 防衛研究所所蔵資料　陸軍省達全書、明治一九年四月一九日「輜重兵操典徒歩車上駕馭教練の部を定む」

（4）国立公文書館所蔵資料　公文類聚・第一〇編・明治一九年第一七巻・兵制六・兵学軍律「陸軍省輜重兵卒及輸卒仮教則」六頁
（5）防衛研究所所蔵資料　陸軍省弐大日記、明治二三年九月二四日「輜重卒試験費の件」、明治二六年四月一一日「車輌試験費支出の件」
（6）防衛研究所所蔵資料　陸軍省弐大日記、明治二六年八月三日「一馬曳二輪車試験委員より一馬曳二輪車試験報告の件」、明治二六年七月「一馬曳二輪車試験報告書」
（7）防衛研究所所蔵資料　陸軍省日清戦役日記、明治二七年一一月二八日「軍務局長より輜重輸卒速成教育に付、留守第二第三師団参謀長へ通知の件」
（8）防衛研究所所蔵資料　陸軍省日清戦役日記、明治二八年二月九日「軍務局より輜重車輌に関する件」
（9）国立公文書館所蔵資料　公文類聚・第一八編・明治二七年、明治二七年一二月四日「日清事件ノ為メ輜重車輌制作費支出方」、明治二七年一二月一四日「輜重車輌製造費ヲ軍資金ヨリ支出ス」、防衛研究所所蔵資料　陸軍省日清戦役日記、明治二八年二月九日「軍務局より輜重車輌に関する件」
（10）防衛研究所所蔵資料　陸軍省日清戦役日記、明治二八年二月九日「軍務局より輜重車輌に関する件」
（11）防衛研究所所蔵資料　陸軍省日清戦役日記、明治二八年二月一〇日「軍務局長より輜重車輌荷造図配付の件」
（12）東京都公文書館所蔵資料「明治二十七、八年戦役ニ関スル兵事事務書類、徴発事務ニ関スル部」「陸軍省軍務局馬政課、騎発第一二一号」明治二七年七月一九日への東京府内務部回答資料（621-B6-02）
（13）読売新聞、明治二七年八月二一日
（14）東京都公文書館所蔵資料「明治二十七、八年戦役ニ関スル兵事事務書類、徴発事務ニ関スル部」「第一師団参謀、照会、師団甲四〇号」明治二七年七月一一日への東京府内務部回答資料（621-B6-02）
（15）東京都公文書館所蔵資料　東京府内務部第五課・兵事、明治二七年五月二九日「徴発事務例条附録第三号ノ一表

中、職工住所姓名取調方　照会按」(621-B6-02)

(16) 防衛研究所所蔵資料　陸軍省大日記、明治二八年九月二八日「混成第一一旅団長伊瀬知好成発　参謀総長彰仁親王宛　軍役人夫増加の儀に付申請」

(17) 防衛研究所所蔵資料　陸軍省大日記、明治二七年一〇月二〇日「第四師団監督部　軍役人夫二千五百人召集に係る契約書の件」第四師団監督部長

(18) 防衛研究所所蔵資料　陸軍省大日記、明治二七年一〇月二八日「一〇月二八日参謀総長彰仁親王発、陸軍大臣伯爵西郷従道宛　軍役人夫海外派遣の節、船中取締の為、士官下士若干名附する必要有之の件」

(19) 防衛研究所所蔵資料　陸軍省大日記、明治二七年一一月九日「佐賀知事より　軍役人夫採用願に付副申の件」、明治二七年一一月二九日「軍役人夫受負の件」、明治二八年一月一二日「蓑輪季馨発、陸軍大臣伯爵西郷従道宛軍役人夫請負の請願」

(20) 読売新聞、明治二九年一一月一七日、陸軍省伍大日記、明治三〇年五月八日「近督より　軍役人夫給料未払に係る分支出の件」近衛師団監督部長川保国伝

(21) 防衛研究所所蔵資料　陸軍省日清戦役日記、明治二八年三月二六日「各局より軍役人夫給料標準の件」陸軍省軍務局、経理局、陸軍省伍大日記、明治三〇年四月一四日「近督より　軍役人夫給料支出の件」近衛師団監督部長川保国伝

(22) 読売新聞、明治三〇年七月一日

(23) 読売新聞、明治一三年五月一四日

(24) 読売新聞、明治二八年六月一三日

(25) 読売新聞、明治二八年三月二一日

(26) 読売新聞、明治二八年六月一三日

(27) 読売新聞、明治二八年九月三〇日
(28) 読売新聞、明治二八年一一月一〇日
(29) 読売新聞、明治三〇年七月一日
(30) 読売新聞、明治三五年一月八日
(31) 〔伊東 一九八八〕
(32) 朝日新聞、明治二八年七月四日
(33) 朝日新聞、明治二八年八月二三日
(34) 〔東京衛生試験所 一九〇九、一三―一六頁〕
(35) 〔警視庁 一八九六、四一―四五頁〕
(36) 〔警視庁 一八九六、四三頁〕
(37) 読売新聞、明治三七年二月一六日
(38) 防衛研究所所蔵資料 陸軍省大日記、日露戦役、「明治三七年九月謀臨綴、大本営陸軍参謀部保管」

第七章

(1) 〔那須 一九八二、四〇―八五頁〕
(2) 〔那須 一九八二、四五―四六頁〕
(3) 〔那須 一九八二、六五―六六頁〕
(4) 〔那須 一九八二、六六頁〕
(5) 〔柳田編 一九二五、一―四頁〕
(6) 〔柳田国男研究会編 一九八八、二四九―二九七頁〕

（7）［柳田編　一九二五、一―四頁］
（8）［柳田国男研究会編　一九八八、四二二頁］
（9）［小平市　二〇〇八、五〇二―五〇五頁］
（10）［小平市　二〇〇八、五〇二―五〇五頁］
（11）［世田谷区立郷土資料館　一九九四、一七四頁］、明治五年正月御用留一一、「橋・諸車取調方廻状」
（12）［世田谷区立郷土資料館　一九九五、二一四頁、二四七―二四九頁］、明治八年一月御用記「車税改正につき農車の有税無税の区分の達」「無税の農車取調書上方ほか達」
（13）［小田内　一九一八、一七一―一七二頁］
（14）［小田内　一九一八、一六九―一七〇頁］
（15）［東京市役所　一九二七］［東京都　一九五八］［江波戸　二〇〇三、二二九頁］［加藤　一九六七、四七頁］
（16）東京都公文書館所蔵史料「道玄坂六日市場開場願」
（17）東京都公文書館所蔵史料『東京府村誌』中渋谷村、六一頁
（18）東京都公文書館所蔵史料『東京府村誌』中渋谷村、五六頁
（19）東京都公文書館所蔵史料『東京府村誌』中渋谷村、五八頁
（20）［上福岡市史編纂委員会　一九九七、三一三―三一五頁］
（21）［世田谷区立郷土資料館編　二〇〇二、五〇八―五一〇頁］
（22）［世田谷区立郷土資料館編　一九九四、一七四頁］、明治五年正月御用留一〇、「糞桶運搬に蓋使用方布告」
（23）［小田内　一九一八、一六二―一六六頁］
（24）［徳冨　一九一三、三四九―三五九頁］
（25）［加藤　一九六七、四七頁］

(26) 読売新聞、明治三九年一二月三日
(27) 〔加藤 一九六七、二二一頁〕
(28) 〔加藤 一九六七、三一九―三二〇頁〕
(29) 〔那須 一九二五〕
(30) 〔那須 一九二五、一三三―一三六頁〕
(31) 〔那須 一九八二、五七―五八頁〕
(32) 〔井伏 一九八二、七―一一頁〕
(33) 〔井伏 一九八二、七―一一頁〕〔森 一九七四、一六二頁〕
(34) 〔森 一九七四、二二頁〕
(35) 〔井伏 一九八二、七―一一頁〕
(36) 〔井伏 一九八二、七―一一頁〕

終章

(1) 日本では牛の産地は限られ、荷役に適する牛を充分に繁殖させるのは難しかったため、近代に牛車は普及しなかった。
(2) 〔石井 二〇〇二〕
(3) 〔石井 二〇〇一、四三頁〕
(4) 〔関谷 二〇一一、一七六頁〕
(5) 〔平原 一九五四〕
(6) 〔平原 一九七九〕

参考文献

編著者名の五十音順に配列した。

青木一男、一九九六、『一葉論攷』おうふう
石井常雄、二〇〇一、『「馬力」の運送史』白桃書房
石田頼房、一九八七、『日本近代都市計画史研究』柏書房
石田頼房、二〇〇四、『日本近代都市計画の展開 一八六八―二〇〇三』自治体研究社
石塚裕道、一九九一、『日本近代都市論 東京一八六八―一九二三』東京大学出版会
板倉聖宣、一九九一、「日本史再発見 理系の目一―一一」『科学朝日』五一（一）―（一一）
伊東明、一九八八、「東京都江東区内の力石の調査・研究」『上智大学体育』二一、三四―五八頁
井上馨侯伝記編纂会、一九三三、『世外井上公伝 第二巻』内外書籍
井上道甫、一八七五、『東京一覧 上』須原屋茂兵衛
井伏鱒二、一九八二、『荻窪風土記』新潮社
江波戸昭、二〇〇三、「東京における近郊農業の展開」『江戸・東京近郊の史的空間』雄山閣、二二〇―二四〇頁
老川慶喜、二〇〇〇、「第一次大戦後の東京市貨物集散状況と小運送問題」、老川慶喜・大豆生田稔編『商品流通と東京市場』日本経済評論社、一八一―二〇八頁
岡島建、一九八九、「近代東京における都市内水運について」『人文地理』四一（六）、一―二三頁
小田内通敏、一九一八、『帝都と近郊』大倉研究所

尾村幸三郎、一九八四、『日本橋魚河岸物語』青蛙房
勝田政治、二〇〇三、『〈政事家〉大久保利通』講談社
加藤一郎、一九六七、『郷土渋谷の百年百話』渋谷郷土研究会
上福岡市史編纂委員会、一九九七、『上福岡市史　資料編第五巻民俗』上福岡市
北原聡、二〇〇二、「都市化と貨物自動車輸送」、中村隆英・藤井信幸編『都市化と在来産業』日本経済評論社、一一一―一四四頁
警視局、一八七九、『東京警視本署布達全書』警視局
警視庁、一八九六、『明治二八年 虎列剌病流行記事』非売品
警視庁第一部、一九〇〇、『警察要務　明治三十三年四月』警視庁
越澤明、二〇〇一、『東京都市計画物語』筑摩書房
小平市、二〇〇八、『小平市史料集三〇　交通・運輸』小平市
小林長吉談、一九五九、『通運史料　小林長吉懐旧談』通運業務研究会
斉藤俊彦、一九九七、『くるまたちの社会史―人力車から自動車まで』中央公論新社
斉藤俊彦、二〇一四、『人力車の研究』三樹書房
静波伝統技法研究社、二〇一六、『埼玉県川越市　旭町三丁目山車工事記録』祥雲 gigurative arts 有限会社
職業紹介事業協会、一九三六、『日本職業大系第七　工業編四』職業紹介事業協会
陣内秀信、一九九二、『東京の空間人類学』筑摩書房
関谷次博、二〇〇四、「明治末期における仲仕の労務管理」、『大阪大学経済学』五四（三）、三〇三―三一八頁
関谷次博、二〇一一、「近代における小運送問題解消と物流の発展」廣田誠編『近代日本の交通と流通・市場』清文堂、一八五―一六一頁

世田谷区、一九六二、『新修 世田谷区史 下巻』世田谷区
世田谷区立郷土資料館編、一九九四、『世田谷区史料叢書第九巻　旧上野村田中家文書御用留編九』世田谷区教育委員会
世田谷区立郷土資料館編、一九九五、『世田谷区史料叢書第十巻　旧上野村田中家文書御用留編十』世田谷区教育委員会
世田谷区立郷土資料館編、二〇〇二、『世田谷区史料叢書第十七巻　武蔵国荏原軍太子堂村森家「金銭出入帳の概要二」』世田谷区教育委員会
十河一三編、一九三四、『大日本牛乳史』牛乳新聞社
高村象平、一九三四、「三井組の鉄道貨物運送取扱に就いて―明治初年に於ける鐵道の運送取扱業保護策の一端」『社會經濟史學』四（七）、七八九―八一三頁
高柳光寿、一九二八、『江戸の交通運輸組織』復興局長官官房計画課
武田尚子、二〇一二、「近代東京における軍用地と都市空間―渋谷・代々木周辺の都市基盤の形成」『武蔵大学総合研究所紀要』第二一号、四七―六六頁
武田尚子、二〇一五、「渋谷道玄坂の変容と地付層―富士講講元・吉田平左衛門家の近世・近代」『生活文化史』日本生活文化史学会、三―四〇頁
武田尚子、二〇一七、『ミルクと日本人―近代社会の「元気の源」』（中公新書、二〇一七）
武知京三、一九七八、『明治前期輸送史の基礎的研究』雄山閣出版
谷釜尋徳、二〇〇七、「幕末期における旅人の移動手段としての荷車の登場」『日本体育大学紀要』三六（二）、一九七―二〇八頁
東京衛生試験所、一九〇九、『衛生試験彙報　第一〇号』丸善

東京市区改正委員会編「東京市区改正事業誌」一九一八（『東京都市計画資料修正（明治・大正編）第三三巻』本の友社、一九八八所収）
東京市区調査会、一九一二、『東京市及接続郡部　地籍台帳』
東京市社会局、一九二三、『自由労働者に関する調査』東京市
東京市社会局、一九三九、『東京市社会事業施設年表』東京市社会局
東京市役所、一九二七、『東京に於ける青物市場に関する調査』
東京都、一九五八、『東京都中央卸売市場史　上巻』東京都
東京都、一九六三、『東京市史稿　市街篇第五十三』東京都
東京都、一九六九、『東京市史稿　市街篇第六十』東京都
東京都、一九八三、『東京市史稿　市街篇第七十四』東京都
東京都、一九九〇、『東京市史稿　市街篇第八十一』東京都
東京都総務局公文書館、一九八七、『江戸の牛』東京都
東京都総務局公文書館、一九八九、『東京馬車鉄道』東京都
東京百年史編集委員会、一九七二、『東京百年史 第三巻』東京都
徳冨蘆花（健次郎）、一九一三、『みみずのたはこと』新橋堂書店
中岡哲郎、二〇〇六、『日本の近代技術の形成』朝日新聞社
中川清、二〇〇〇、『日本都市の生活変動』勁草書房
中西隆紀、二〇〇六、『幻の東京赤煉瓦駅』平凡社
那須皓、一九二五、「代々木村の今昔」、柳田国男編『郷土会記録』大岡山書店、一一六―一三三頁
那須皓、一九二五、「代々木村の話後記」、柳田国男編『郷土会記録』大岡山書店、一三三―一三六頁

那須皓、一九八二、『惜石舎雑録』農村更生協会
日本通運株式会社編、一九六二、『社史』日本通運株式会社
農商務省山林局編、一九一二、『木材ノ工芸的利用』大日本山林会
平原直、一九五四、『荷役現場を守る人々』荷役研究所
平原直、一九七九、「荷役一筋の道、ふまれてもふまれても麦死なず」『荷役と機械』一九七九年一月号、一九頁
藤井公明、一九八一、『樋口一葉研究』桜楓社
藤田佳世、一九六一、『渋谷道玄坂』弥生書房
藤森照信、一九八八、『東京都市計画資料集成』本の友社
藤森照信、一九九〇、『明治の東京計画』岩波同時代ライブラリー
増田廣實、二〇〇九、『近代移行期の交通と運輸』岩田書院
松沢裕作、二〇一三、『町村合併から生まれた日本近代』講談社
松平誠、二〇〇一、「幕末から大正中期における東京駄菓子の展開」『生活学論叢』(六)、五五―六五頁
松村安一、一九四二a、「江戸に於ける大八車（上）」『経済史研究』二七（三）、四〇―六〇頁
松村安一、一九四二b、「江戸に於ける大八車（下）」『経済史研究』二七（六）、五七―六八頁
松好貞夫、一九七一、『日本輸送史』日本評論社
森永製菓株式会社、一九五四、『森永製菓五十五年史』森永製菓株式会社
森永製菓株式会社、二〇〇〇、『森永製菓一〇〇年史』森永製菓株式会社
森永乳業五〇年史編纂委員会、一九六七、『森永乳業五〇年史』非売品
森泰樹、一九七四、『杉並区史探訪』杉並郷土史会
柳田国男編、一九二五、『郷土会記録』大岡山書店

柳田国男研究会編、一九八八、『柳田国男伝』三一書房
山本弘文、一九七二、『維新期の街道と輸送』法政大学出版局
山本弘文、一九七八、『日本資本主義—展開と論理』東京大学出版会、三七—四九頁
山本弘文、一九八六、「道路」、山本弘文編『交通運輸の発達と技術革新』国際連合大学、二八—三七頁
山本弘文編、一九八六、『交通運輸の発達と技術革新』国際連合大学
横山源之助、一八九九、『日本之下層社会』教文館（＝一九四九、『日本の下層社会』岩波書店）
吉田有年編、一八八一、『修身談』内藤半月堂
渡辺和敏、一九九一、『近世交通制度の研究』吉川弘文館
渡辺京二、二〇〇五、『逝きし世の面影』平凡社

Bird, I., 1880, *Unbeaten Tracks in Japan*, G. P. Putnam's Sons,［バード（高梨健吉訳）、『日本奥地紀行』平凡社、二〇〇〇年］
Bousquet, G. H.,1877, *Le Japon de nos jours*.［ブスケ（野田良之・久野桂一郎共訳）、『日本見聞記　一』みすず書房、一九七七年］
Clark, K.W., 1878, *Life and Adventure in Japan*.［クラーク（飯田宏訳）、『日本滞在記』講談社、一九六七年］
Guimet, E., 1878, *Promenades japonaises*, G. Charpentier editeur,［ギメ（青木啓輔訳）『一八七六ボンジュールかながわ　フランス人の見た明治初期の神奈川』有隣堂、一九七七年］
Morse, E. S., 1917, *Japan day by day: 1877, 1878-79, 1882-83*, Houghton Mifflin,［モース（石川欣一訳）『日本その日その日』一、二、三、平凡社、一九七〇年a、b、一九七一年］
Netto, C. A. & Wagener, G., 1901, *Japan ischer Humor*, Leipzig: F. A. Brockhaus,［ネットー&ワーグナー（高山洋吉

訳)、『日本のユーモア』刀江書院、一九七一年」

あとがき

本書の発端は、「立ちん坊」である。東京西郊の近代の変容に関心をもち、渋谷道玄坂に関する文献を読んでいたところ、「名物の立ちん坊」が道玄坂下や宮益坂下に集まり、荷車の後押しをして一銭二銭の労賃を貰っていた、という記述を目にした。浅学非才で、そのときまで「立ちん坊」について知らなかった。「名物」とまで表現されている。道玄坂を通って、近代の世界に奥深く分け入りたいならば、「立ちん坊」や「荷車」を避けて通ることはできないことを知った。

那須皓の「代々木村の今昔」をはじめて読んだのはいつの頃だろうか。荷車のことが深く印象に残り、荷車に目を留める那須のまなざしの由来を知りたいと思った。柳田国男、新渡戸稲造の「郷土会」で「最も魅力あふれる報告」と評されていることは心強かった。烱眼の先学人士も荷車に意表を突かれたことを知った。人々が荷車にどのような視線をそそいできたのか、関連する箇所に偶然読み当たると、付箋をはるようになっていた。

東京都公文書館で別資料をみていたとき、桜井平四郎がめげずに挑戦した荷車発明の図面（本書第三章）が偶然に何枚も出てきた。現代からみると奇想天外にも思える改造に熱中している桜井の凝り性に、荷車改造に「機」をみて、賭けた桜井の思いが伝わってきた。

桜井の凝り性に引き込まれた。なぜか、お守りのように、いつも自分のカバンのなかにその図面を入れて持ち歩き眺めていたある日、早稲田大学で御一緒だった鳥越皓之先生にその図面をお見せした。桜井の荷車にかけた魂のなせるわざが出版への道につながっていった。

「荷車」と「立ちん坊」を通して、近代を探究するおもしろさが読者の方々に伝われば幸いである。出版にあたっては吉川弘文館の石津輝真さんに御理解をいただき、大変お世話になりました。

二〇一七年六月

武田尚子

著者略歴

お茶の水女子大学文教育学部卒業
二〇〇〇年、東京都立大学大学院社会科学研究科博士課程修了、博士(社会学)
現在、早稲田大学人間科学学術院教授

〔主要著書〕
『マニラへ渡った瀬戸内漁民―移民送出母村の変容―』(御茶の水書房、二〇〇二年)
『もんじゃの社会史―東京・月島の近現代の変容―』(青弓社、二〇〇九年)
『ミルクと日本人―近代社会の「元気の源」―』(中公新書、二〇一七年)

荷車と立ちん坊
近代都市東京の物流と労働

二〇一七年(平成二十九)九月一日 第一刷発行

著 者 武《たけ》田《だ》尚《なお》子《こ》
発行者 吉川道郎
発行所 株式会社 吉川弘文館
郵便番号一一三―〇〇三三
東京都文京区本郷七丁目二番八号
電話〇三―三八一三―九一五一〈代表〉
振替口座〇〇一〇〇―五―二四四番
http://www.yoshikawa-k.co.jp/
印刷=株式会社 精興社
製本=誠製本株式会社
装幀=清水良洋・宮崎萌美

ISBN978-4-642-08324-9